大樂文化

大樂文化

［史上最強］
趨勢投資

下一筆會賺錢的單
用 100 張線圖抓住 57 個漲跌方向

30 年經驗股市大作手 **丁聖元**◎著

Contents

序章　學順勢交易趨利避害，你得了解3件事　*011*

第1章　透過趨勢演變3階段，判斷漲跌的方向　*029*

第2章

K線技術精準判讀變化，
抓住爆賺買賣點　*067*

<u>前言</u>

要在投資市場持續穩定獲利，
首要之務是看懂趨勢

　　寫作本書的目的是將趨勢分析的方法融會貫通，使它們更加切合實用。具體來說，首先是建立市場技術分析的理論基礎；其次是讓讀者理解日本的K線圖（又稱蠟燭圖）技術，以及西方的技術分析方法；最後是讓讀者能將理論和方法應用在實戰中，力求得心應手，養成趨勢投資能力。

　　本書的圖例覆蓋了股票、外匯、能源、貴金屬、債券等眾多金融市場，幾乎每個圖例都附有詳細的解說，並從各個角度反覆分析，以求深入。

　　值得說明的是，雖然本書內容有一定的內在邏輯，但讀者不需要以前文為基礎來理解後文。每一章各有主題，分別講解市場技術分析的某一方面，讀者完全可以按照自己喜歡的順序來閱讀。若對某些內容不感興趣，或者一時不理解，可以先跳過，以後再說。

　　我1990年畢業、進入職場之後，從外匯交易做起。那時候沒有現成的電腦圖表，必須每天以手工繪製行情線圖。外匯交易的主要研究工具是技術分析，因此我幾乎是一踏進市場，便開始接觸技術分析的方法。

　　1993年，我翻譯約翰‧墨菲（John J. Murphy）的《期貨市場技術分析》，全書共17章，是經典的西方技術分析教材。1998年，我又翻譯史蒂夫‧尼森（Steve Nison）的《日本蠟燭圖技術》，此書講述東方技術分析，K線圖的特色鮮明，提供豐富的圖形資訊。

　　上面這兩本書相互為輔，全面介紹市場技術分析的理論和方法，是良好的學習起點。不過，隨著市場實戰經驗的累積，以及對技術分析的理解加深，我心中依然存在一些疑問。

　　以《期貨市場技術分析》為例。首先，市場技術分析的理論基礎，就是「市場行為包容消化一切、價格以趨勢方式演變、歷史會重演」這三條基本

假設嗎？它們似乎是對現象的歸納，並未更深入揭示市場變化的內在原因。其次，此書內容全面，但哪些是主要內容？哪些是附帶內容？特別是，當技術分析工具發出矛盾訊號時，該如何取捨？很顯然，技術分析的各種工具不能等量齊觀，而是有些具有關鍵性，有些則是輔助性。

最後，西方技術分析往往是用一項工具解析一個方面，雖然分析能力強，有時卻導致只見樹木不見森林的困惑。市場演變是整體的，存在「起、承、轉、合」的基本順序，我們該如何認識其中的整體感呢？

再以《日本蠟燭圖技術》為例。首先，K線技術形態花樣繁多，死記硬背不是辦法，其中貫穿什麼基本原則？怎樣才能以簡馭繁、綱舉目張？其次，K線技術訊號大多十分靈敏，往往憑藉兩、三根K線就能得到相應的線索，不過這樣的技術訊號能管用多長時間？怎樣理解K線技術的長短時間架構？最後，西方技術分析和東方技術分析，要如何從根本上結合起來，成為一個整體化的分析框架？

多年來，這些疑問一直在我心頭縈繞，驅動我不斷學習、思考，並在實戰中嘗試尋求解答。在這個過程中，研讀《周易》令我受益良多。此外，我經常講授市場技術分析理論和方法的課程，幾乎每次都需要編寫講課提綱。經過不斷累積、修改、補充，久而久之，我終於有一些收穫。

融合東西方技術分析理解趨勢

簡言之，市場技術分析的理論基礎是《周易》。《莊子・天下篇》指出「易以道陰陽」，朱熹的《朱子語類・讀易綱領》則指出「天地之間無往而非陰陽，一動一靜、一語一默皆是陰陽之理」。陰陽模型普遍適用於分析宇宙萬事萬物的變化，金融市場行情當然也包括在內。本書借助《周易》，以陰陽作為分析市場變化的理論基礎，提出了理想的趨勢演變模式。《周易》在幫我們認識市場的同時，還幫助我們認識投資交易行為。

西方技術分析的趨勢定義具有提綱挈領的作用，本書運用它來理解K線圖表、K線技術形態，將繁雜的K線技術簡化為基本的趨勢演變過程，並整理出基本的趨勢訊號，進而以一當十、以簡御繁。而且，以趨勢定義作為共同出發點，可以將西方與東方的技術分析融會貫通、自然整合。

　　金融市場異常複雜，我們進場投資前，要先看清楚市場的大趨勢，理解中期和短期趨勢的變化邏輯，才能做到順勢而為、趨利避害、穩健獲利。想要分析市場、應對變化，關鍵在於簡化，也就是抓住行情變化和投資交易的本質。

　　行情變化和投資交易的本質，是「文武之道，一張一弛」。當行情順利推進時，價格一次接一次地創新高（或創新低），形成了向上（或向下）延伸的線條，這是「張」，此時大多數市場參與者都會察覺明確的趨勢方向。

　　忽然之間，行情掉頭，突破一個近期的代表性低點（或高點）。接下來，到底是發生趨勢反轉，或是修正一段時間後，再繼續原來的趨勢呢？這裡是趨勢變化的關鍵之處，變化就從這裡產生。

　　如同《周易・係詞傳》中寫道「其初難知」，變化剛剛發生時，線索很少，讓人看不出頭緒。慢慢地，市場穩定下來，逐漸顯示出持續形態或反轉形態的特徵，演變為橫向發展的團塊，這是「弛」。「弛」的過程不斷出現新的市場訊息，最後市場透過向上或向下的突破，進入新的「張」的階段。

　　在「弛」之後，一種可能是恢復原來的趨勢。在這種情況下，「弛」之前的「張」確立趨勢，「弛」調節趨勢節奏，而「弛」之後的「張」則順水推舟。另一種可能是趨勢逆轉，產生新趨勢。在這種情況下，「弛」之前的「張」與現在新的「張」分道揚鑣，「弛」的過程從最初的不確定，醞釀形成天翻地覆的大變化。

　　總之，「張」和「弛」的延續都是既有市場狀態的延續，無論從「弛」到「張」，還是從「張」到「弛」，都是既有市場狀態的改變，並可能引發趨勢轉變。

　　要抓住上述變化，重點是切實掌握市場技術分析的理論和工具，包括圖表的基本形式、趨勢定義、理想的趨勢演變模式、基本的趨勢分析工具、價格形態等等，然後透過簡化來解決以下重要問題：

◆趨勢方向
◆趨勢階段
◆「張」、「弛」轉化的發生和演變

　　基本上，分析市場的過程就是上述簡化的過程。

　　本書的前身是授課講義。清華大學深圳國際研究生院培訓學院、北京大學經濟學院金融與投資期貨研修班，多次邀請我為金融期貨從業人員、在產業界從事避險和交易的人員，講授市場技術分析。我每次授課前都會認真修改講義，每次授課都力求講得更明白，自己也獲益匪淺。衷心感謝各位老師和同學們！

融合東西方的技術分析，
教你逐步打穩基本功

本書包括序章、正文、進階研讀，其中正文分成4章。其個別內容介紹如下。

序章：學順勢交易趨利避害，你得了解３件事

序章從雙腿走路的韻律說起，用《周易》陰陽的觀點來看投資人與市場、理性與盲點、交易與風險等根本性問題。

第１章：透過趨勢演變３階段，判斷漲跌的方向

幾個要素相互促進，組成正相關迴圈鏈；幾個要素相互抑制，組成負相關迴圈鏈，由此決定了行情趨勢。本章以《周易》八卦的符號代表大、中、小３種規模的趨勢組合，並按照先天卦序為趨勢組合狀態排列大、中、小趨勢的組合順序，疊加起來得到理想的趨勢演變模式：第一個階段，形成底部或頭部；第二個階段，反覆來回拉鋸；第三個階段，幾乎單向式上漲或下跌。

第２章：K線技術精準判讀變化，抓住爆賺買賣點

日本K線技術特點鮮明、形態種類繁多，再結合西方技術分析的趨勢理論，可以使繁複的K線技術轉化為基本的趨勢形態和訊號，讓我們能以簡馭繁，認清趨勢的本質。本書大力推薦月K線圖，認為其簡繁得當，用來追蹤長期趨勢，可以看得清楚明白。

第３章：活用趨勢投資的３大技巧，捕捉反轉行情

趨勢分析的基本工具包括價格水平線、百分比回調線、價格跳空等。它們最大限度地保留原始的市場訊息，標明市場狀態的邊界，在價格突破邊界

線時，幫助我們第一時間注意到市場趨勢潛在的改變。因此，它們成為識別市場趨勢的有力工具，是市場技術分析的基礎，值得仔細地深入研究。

第 4 章：掌握順勢交易的祕技，你每次下單都賺錢

對於追蹤趨勢，本章首先提出3個重點，包括：判斷趨勢須保持直觀和簡單；圖表是死的，行情是活的；判斷趨勢須考慮每一種可行性。然後，詳細分析5個日常操作要領。最後，以上證指數2008年～2015年的行情演變為例，展示具體步驟。

進階研讀：從《周易》六十四卦，領悟正確的交易心態

從《周易》六十四卦當中，借助與投資交易較有直接關係的幾卦，說明投資交易的本質，以及對投資交易應採取的恰當態度。

| 序章 |

學順勢交易趨利避害，
你得了解3件事

0-1 怎麼衡量未來投資趨勢？從中國《周易》的智慧出發

添購傢俱之前，縱然只是買一個角落的小邊桌，我們也會事先丈量，確認空間大小，以確保買來的傢俱既合用又與周邊配置和諧。

傢俱若不合適，頂多影響一段時間的觀瞻和使用，若實在不行，扔掉重買也沒什麼關係。儘管如此，即使是買傢俱這一點小事，我們都要反覆衡量，那麼比這重要的事情，自然更需要仔細打算。

學業、婚姻、求職、創業、投資理財等等，都是人生中的大事。以求學為例，人們以口碑、排名為尺度，來衡量學校、科系的專業和前景；以考試成績為尺度，來衡量學生的學習能力、栽培前景。但是，這些尺度往往攻其一點，不及其餘──成績與排名主要關乎能不能金榜題名，無法用來判斷哪個學校、哪個科系最適合某位學生，因為這還要考量社會發展趨勢、個人潛力、運氣等等眾多因素。

現代社會建立了各式各樣的度量尺，例如：衡量宏觀經濟的GDP增長率、衡量通貨膨脹的物價指數、衡量投資理財的基準利率、衡量股市的股票指數、衡量財富的人均收入，不一而足。這種現象說明，人們越來越重視客觀尺度，現代生活離不開各種度量。

然而，每種尺度都和考試成績一樣，有其特定注重的面向，那麼世上有沒有一種普遍適用的萬能尺度，可以衡量未來趨勢呢？在序章中，我們從中國傳統智慧出發，初步探討這個問題。

從走路看陰與陽的關係

《周易》說：「古者包羲氏之王天下也，仰則觀象於天，俯則觀法於地，觀鳥獸之文與地之宜，近取諸身，遠取諸物，於是始作八卦……。」在《周易》的哲學思想中，最核心的就是陰陽。「陰」和「陽」具有不同的角色分工，例如人們行走的雙腿，就是一種陰陽模型，我們可以近取諸身，從中深刻領會陰陽的概念，並運用在生活中。

觀察人的行走動作，會看到兩條腿不斷地前後交替——動的腿向前邁出，不動的腿踩住地面支撐身體。當動的腿邁出一定距離，腳一落地便踩住地面；與此同時，原來不動的那條腿用力蹬起、向前邁出。如此輪番交替，人便能往前移動。

在此過程中，動的腿可以用陽代表，其屬性包括動態、主動、在明處使勁、朝向目標、動作大；不動的腿可以用陰代表，其屬性包括靜態、被動、在暗處使勁、止於原點、配合動作。陰和陽的對照屬性如表1所示。

不過，陰陽的角色分工並非固定不變，而是動態地轉化、輪流交換。比如說，不能簡單定義左腿為陽、右腿為陰，因為在走路時，兩腿連續一左一右往前邁進，形成一定的節奏與韻律，這就是陰陽角色交替。

表1 陰和陽舉例

陽	陰	陽	陰	陽	陰
剛	柔	動、行	靜、止	善	不善
天	地	開	合	富	不富
日	月	直接	間接	進	退
男	女	陽	陰	漲	跌
明、顯	暗、隱	直	曲	益	損
實	虛	前	後	快	慢
主動、主	被動、從	開創	守成	大、多	小、少

圖1 太極圖

← 陰與陽同屬一個整體，兩者的變化相反相成，陰中有陽，陽中有陰；陽極轉陰，陰極轉陽。

從這個道理出發，我們可以將太極圖中的陰陽魚，看作是兩腿輪流交替的圖形化（見圖1）。

太極圖表示陰與陽共同組成一個整體，兩者的分工協作是為了達成整體的共同目的。以行走為例，前腿之所以要邁出，是為了發揮後腿蹬起的功效；後腿之所以要定住不動，是為了穩住身體，保證前腿朝向目標前進。陰的蹬和陽的邁，透過身體相互分工，也彼此協作。

正常的走路方式是雙腿協調一致，大步邁進，因此在協作當中，陰和陽需要達到平衡與和諧。陰過盛，則後腿如同灌了鉛，拖遝不前；陰不足，則如同走在冰上，滑來滑去。陽過盛，則步伐邁得太大，後面的步伐難以為繼；陽不足，則邁不開步伐，蹭地趔趄。

陰陽動態的角色分工，乃是變化的根源，也是我們理解變化的起點。換言之，理解變化，必須從陰陽開始。繼續以走路為例，當一個人站立不動，談不上走向、路徑、目的地；站著不動，相當於一個渾沌的整體（即太極），不分陰陽。當一個人走動起來，兩腿連續前後交換，變化就此發生，於是他僅憑雙腿協調，可以隨心所欲走向任何目的地。

只要談變化，則必談陰陽，不只如此，有陰必有陽，有陽必有陰，陰陽相伴、相生、相克，相反相成。當然，這並不是說陰陽等量齊觀，其實陽是主動的一方，主導整體變化的方向和節奏。

概括來說，從走路分析陰與陽的關係，可以看到兩者既有角色分工，又有相互轉化。陰陽動態交替，變化就此產生。

凡事皆有趨勢方向

處理任何事情，都可以大致分為3個步驟：第一，觀察並判斷形勢；第二，形成決策並付諸行動；第三，評估後果並調整前兩個步驟。這3個步驟循環不已，並且每個步驟中皆存在兩個截然不同的基本趨勢方向，我們可以借助陰陽關係來理解這一點（見表2）。

在觀察形勢的步驟中，舉例來說，氣候方面，春天是從寒冷到暑熱的過渡，秋天是從暑熱到寒冷的過渡，其基本趨勢方向完全不同；事業方面，興盛是從低潮走向高潮的蓬勃發展，衰退則是從高潮走向低潮的消退；投資交易方面，明顯可分為上漲和下跌兩種行情方向。

這些例子在決策行動的步驟中，也存在兩種完全不同的趨勢方向，在評估後果的步驟中，自然也是涇渭分明。

因此，凡事都要認清楚趨勢方向，有句話說：「方向比速度重要，選擇比努力重要」，一旦方向錯了，走得越快，結果只會偏離得越遠。而且，凡

表2 借助陰陽關係來理解觀察形勢、決策行動和後果評估3步驟的基本趨勢方向

從下至上的位置	一、觀察形勢	二、決策行動	三、後果評估
氣候	春、秋	播種、收藏	豐、欠
事業	興、衰	攻、守	利、害
能力	強、弱	主、從（主動、被動）	得、失
境遇	機、危	取、舍；行、止；實、虛	安、危；成、敗；存、亡
仕途	通、塞	出、入（顯、隱）	順、逆；榮、辱
投資交易	上漲、下跌	多頭、空頭	損、益；盈、虧

事皆有兩面性，從長期來看，趨勢方向交替前行，不會一成不變。

事實上，在中國的傳統智慧中，借助陰陽關係來建立基本框架的做法比比皆是。《老子》的名言：「知人者智，自知者明」，強調「知人」和「自知」的陰陽關係。然而，在現實生活中，人們往往只求知人，殊不知，知人和自知互為表裡，若不自知，所謂知人多是異想天開。

0-2 應用陰陽理論，讓你交易時超越不安、開放思維……

《人物志‧九徵》中寫道：「聖人淳耀，能兼二美，知微知章，自非聖人莫能兩遂。」其中，「章」同「彰」。這句話的意思是，既能察知事物的細微隱秘之處，又能看到事物的顯著現象，（這兩種才能）只有聖人才能同時具備。微和彰同樣也是陰陽關係。

1‧知與不知是陰陽關係，用規則超越不安

陰和陽就像人的影子和身體，永遠分不開。在投資交易中，市場是陽，我們對市場的觀察、分析、反應是陰，兩者是典型的陰陽關係。

投資者在觀察市場時，腦子裡得到的是影子。然而，影子只是近似本體的輪廓，不論與本體多麼相像，總是免不了變形，更有甚者，在絕大多數情況下，影子不像本體的成分居多，像本體的成分較少。換言之，只有在非常幸運的極少數時候，我們才能接近市場的真正面目。

在實際交易時，投資者不是與自己腦中的影子打交道，而是和真實的人打交道。因此，透過交易實踐，我們可以回歸市場的本體，檢驗自己腦中的影子究竟有多麼接近現實。然而，影子難免會變形，我們對市場的觀察和分析永遠不等於市場的現實，這令許多「理性」投資者感到苦惱。

一方面，我們從小習得的理性執著於因果關係，執著於先「知、懂、能」，再去實際行動。儘管不可能全知、全懂、全能，投資者總是感覺自己已關鍵性地「知、懂、能」，至少假定主要該知道的都知道了，主要該懂得的都懂了，主要該做的都能做到了。

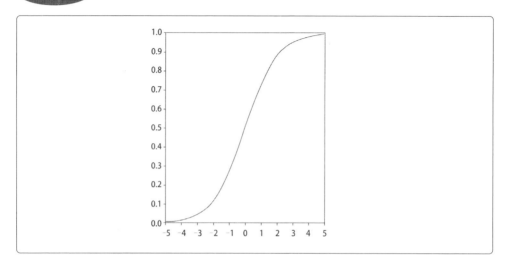

圖2 增長的S形曲線（引自《模仿律》）

　　另一方面，根據陰陽原理，知和不知、懂和不懂、能和不能，本是同根生，兩者如影隨形，不能分離，並透過角色分工相互轉化，相反相成。「知、懂、能」也罷，關鍵的「該知、該懂、該能」也罷，都是錯覺，絕對不是投資者的真實處境。

　　投資者的真實處境是陰陽循環，但是其理性只尋求陽，而拒絕陰，於是埋下先天的矛盾。投資者一方面從理性出發參與市場，另一方面時時意識到自己身處於陰陽循環的真實處境。這種矛盾是不是大多數投資者焦慮不安的來源呢？

　　這些話很抽象嗎？讓我們來看一個例子。

　　近年來風景區盛行鋪設玻璃棧道，從懸崖絕壁延伸而出。理性告訴我們，棧道建造得十分堅固，而且玻璃鋼是很牢靠的建築材料，承受重量與衝擊的能力都十分優異，絕不會出問題。然而，許多人仍會因為看到腳下的深淵而戰慄不已，甚至做出令人啼笑皆非的舉動。

　　如此看來，我們的行為有可能是純粹理性的嗎？再來看另一個例子。

　　化學實驗室裡的物質成分複雜，有些具有易燃、易爆、強腐蝕等特性，帶有一定的危險。然而，在允許學生進入實驗室之前，老師不可能將實驗室

裡所有物質的特點、相互作用都講解明白，學生們也不可能都記得住。培訓學生進實驗室的重點在於，教導學生化學實驗室的操作規範，確保學生嚴格照做，絕不允許違反。

相較於化學物質的成分和作用，實驗室的操作規範易學、易記、易執行。操作規範超越了知與不知、懂與不懂、能與不能，轉而要求學生嚴格照章行事。

同樣地，市場技術分析給出一套行為準則，容納了知和不知兩方面。借助技術分析，嚴格按照規則執行，就能逐步超越知和不知、懂和不懂、能和不能的矛盾，乃至避免焦慮不安。由此可知，市場技術分析可以用市場的現實來檢驗，但不能用理性來推理。

2・新舊知識是陰陽關係，思維要能開放

男女結合才能生孩子，這是傳宗接代的大事，正所謂薪火相傳。

生理上要生生不息，思維上同樣需要生生不息。這個時代變化如此之快，為了適應它，我們不得不終生學習，與時俱進。

所謂「陰陽」，意味著越是不同的思想，越有相互結合的潛力和價值。這影響了中國傳統智慧，不容許夜郎自大、故步自封，而是崇尚吸納新鮮事物，不斷向外部和內在探索，尋求新領悟。

不過，如果只是找到不同的東西，簡單地拼湊在一起，那是不夠的。一定要讓新東西和舊東西相結合，孕育出下一代。已有的東西是陽，新的東西是陰（或者反過來），兩者結合起來孕育出下一代新思想，才能真正實現思維上的開放創新，生生不息。

19世紀末，法國社會學家塔德（Gabriel Tarde）出版《模仿律》（*The Laws of Imitation*）一書，他觀察到，新思想的普及會隨著時間，遵循一種S形曲線的模式發展（見圖2）。

我們可以從事業成長的角度，來理解S曲線。陰陽相伴相生，有陰必有陽，有陽必有陰。如果我們的事業蒸蒸日上是陽，這個陽終究有轉陰之日，也就是S曲線之後必然出現衰退。

如果我們希望保持增長，儘量避免衰退的負面影響，應當怎麼辦呢？

絕不可能從原有的格局中找到解決方案。只能靠創新，尋找新機會，開發新事業，不斷地突破自我，在舊的成長曲線之後，開發新的成長曲線。唯有一波未平一波又起，才能不斷地演進、發展。

3・工具和人是陰陽關係，都要保持簡單

《莊子》有一則故事，有一個人很擅長用斧頭，他有位搭檔，兩個人一起表演。他先在搭檔的鼻頭上塗一點白灰，然後拿起斧頭高舉過頂，「咻」地一聲用力從搭檔的鼻子上砍去，結果搭檔鼻尖上的白灰被砍掉，鼻子仍完好如初。

旁觀的人歎為觀止，紛紛讚美用斧頭的人手藝高強。不幸的是，後來他的搭檔去世了，從此他再也沒有表演過。很多人懷念他的技藝，希望再有機會欣賞，但是他回答：「我做不到了，因為找不到那樣的搭檔了。」

我們可以如此詮釋這個故事：兩個主角不是兩個人，而是一個人做事的兩個方面，一方面是工具和方法，另一方面是使用工具和方法的人。若借用陰陽模型來理解，那麼工具和方法是陽，使用者是陰。

在斧頭表演中有兩個關鍵，第一個是斧頭要砍得準，這屬於工具和技術的範疇，第二個是搭檔必須站在定點紋絲不動，完全信任砍斧頭的人。承上所述，這個搭檔就是使用工具和方法的人，就是你自己。

這則故事告訴我們，人在運用工具和方法時，應該完全按照原本設計的規則去操作，排除任何一切心理狀態的干擾，才能將工具和方法的功能發揮到最大化。

廈門有一間南普陀寺，寺後的石壁上寫著大大的「無我」二字。這兩個字出自《莊子》，意思類似俗話說的「忘我」，就是全神貫注於行動本身，渾然忘記自己的存在。上述故事中，鼻子上塗著白粉的搭檔，就是一個無我的人。想要取得高成就，就得進入無我的境界。

市場是競技場，人人挖空心思力圖勝出。《孫子兵法》中寫道：「故將有五危：必死，可殺也；必生，可虜也；忿速，可侮也；廉潔，可辱也；愛民，可煩也。凡此五者，將之過也，用兵之災。覆軍殺將，必以五危，不可不察也。」換句話說，只要你有長期不變的特點，不論它在世俗意義上是

好還是壞，都會成為受人反制的把柄。從這個意義來說，投資者如同高明的將領一樣，不能帶有「我」的特點。

市場技術分析有句話說：「鉛筆和直尺走天下」，意思是希望保持工具和方法簡單。投資者致力於成為鼻頭塗白粉的無我之人，但是要做到其實很難，所以我們既不希望斧子太鋒利，也不希望砍得太快，我們希望工具和方法簡單一點，更有利於使用者控制操作。

請記得，陰陽兩方面的問題總是糾纏在一起。想要讓砍斧頭的人表現出色，就必須讓塗白粉的人配合得好，兩者形成良性循環，才能越來越有效。在工具和使用者的問題上，也是一樣的道理。使用者對工具的理解與運用，以及對自我的控制，必須相互促進，形成良性循環。在此目標下，最好的辦法是讓工具和方法盡可能保持簡明。

4・利害是陰陽關係，交易要恰如其分

《股票大作手回憶錄》中寫道：「人們說，凡事皆有兩個方面。然而，股票市場只有一個方面，既不是多頭的方面，也不是空頭的方面，而是只有正確的方面。我花了很長的時間，才把這項基本原則牢牢地扎根在腦子裡，比掌握股票生意的大多數技術性內容，花費的時間長多了。」

設想你是遊牧時代的一名獵人，可能遇到的獵物只有老虎和鹿。你的打獵工具是弓箭和長矛，因此遇到老虎最好避開，否則很容易被虎攻擊。另一方面，鹿也不是隨處可見，如果遇到鹿卻失手沒打到，便錯過重要機會，家人恐怕要挨餓。

從單一角度看，老虎是害，鹿是利。但是，如同陰和陽是一個整體，利和害在本質上是一體兩面。利之所在即害之所在，害之所在即利之所在。

在這個比喻中，好的獵人同時表現在兩個方面，既能正確地識別虎，避開受傷風險，又能正確地識別鹿，不錯過機會。差的獵人也表現在兩個方面，既莽撞行事，誤撞老虎而受傷，又處處膽小，有鹿不打以致全家挨餓。由此可見，並沒有固定的好與壞、風險與機會、莽撞與膽小；恰如其分便是好，做得過頭或不及便是差。

股市行情有牛市和熊市的區別，投資者恰如其分的做法在於兩個方面。

一方面是，當市場不在趨勢狀態時，要及時休息，如果不可為卻勉強為，就是過，不會有好結果。另一方面是，當市場處在趨勢狀態時，必須及時參與，不能錯過機會。當市場出現趨勢，尤其是大趨勢，都是在一定歷史條件下才會發生的難得交易機會，如果當做不做，就是不及，結果也不會理想。

　　當然，還有另一個層次的問題是趨勢方向。當市場處在趨勢狀態時，尤其是在大趨勢之下，當看漲，絕不能看成跌；當看跌，絕不能看成漲。這個看錯了，就根本錯了，完全南轅北轍。

0-3 透過二分法模型，客觀評估局面，採取因應措施

　　知和不知、懂和不懂、能和不能，如同陽光下的身體和影子，從來就分不開。我們永遠不可能完全知道、完全懂得，也永遠不可能完全能做到。於是，觀察一件事物時，總會有觀察得到的部分，和觀察不到的部分。比如說，觀察一個蘋果，看得見面向你的部分，看不見背向你的部分。看不見不等於不存在，更不是沒有作用，由此可知，未來不能完全被預測，行動必定有風險。

　　既然不可能完全知道、完全懂得、完全能做到，那麼在現實生活中，我們該如何應對進退，才能成就一番事業呢？

　　首先，我們需要一套足以反映實際處境的判斷尺度；其次，還要一套行之有效的行為準則。陰陽關係就是一套判斷尺度和行為準則，是根據過往大量的實踐經驗提煉而來，同時包含已知與未知因素、可理解與不可理解的部分、做得到與做不到的方面。

簡明的二分法模型

　　我們不妨將陰陽簡單理解為一分為二的「二分法模型」：假設要研究的事或物本身為一，一分為二得到兩種情形，二分為四得到4種情形，四分為八得到8種情形。每一次二分，都代表對問題的研究分析更深入一個層次。

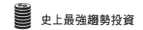

序號	1	2	3	4	5	6	7	8
第三層：八卦	正確應對 ☰	應對有誤 ☱	將錯就錯 ☲	錯上加錯 ☳	恰當猜測地應對 ☴	胡亂猜測地應對 ☵	隨機應變地應對 ☶	剛愎自用地應對 ☷
第二層：四象	理解的部分 ⚌		不理解／理解錯的部分 ⚍		合常理的部分 ⚎		不合常理的部分 ⚏	
第一層：兩儀	看得見的部分 ▬				看不見的部分 ▬ ▬			
未分之前：太極	一件事／物							

表3　對陰陽「二分法模型」的一種理解

下面以表3為例，說明陰陽的二分法模型。

在第一層分析，將研究對象一分為二，得到「看得見的部分」與「看不見的部分」，這兩種情形統稱為「兩儀」，是最基本的陰陽模型。為了便於標記，我們借用《周易》符號，將看得見的部分標記為「▬」，讀作陽爻或陽，將看不見的部分標記為「▬ ▬」，讀作陰爻或陰。

在第二層分析，再次應用二分法，將看得見的部分分為兩種情形：理解的部分標記為「⚌」，讀作老陽；不理解或理解錯的部分標記為「⚍」，讀作少陰。同樣地，看不見的部分也分為兩種情形：合常理的部分標記為「⚎」，讀作少陽，不合常理的部分標記為「⚏」，讀作老陰。這是問題的第二個層次，共有4種情形，統稱為「四象」。

在第三層分析，將理解的部分一分為二：正確應對的部分是「☰」，讀作乾；應對有誤的部分是「☱」，讀作兌。不理解或理解錯的部分一分為二：將錯就錯的部分是「☲」，讀作離；錯上加錯的部分是「☳」，讀作震。合常理的部分一分為二：恰當猜測地應對是「☴」，讀作巽；胡亂猜測地應對是「☵」，讀作坎。不合常理的部分一分為二：隨機應變地應對是「☶」，讀作艮；剛愎自用地應對是「☷」，讀作坤。

這8種情形描述了人在研究事／物時，可能得出的8種局面，其符號稱為卦或卦象，8種卦象統稱為「八卦」，又稱八經卦。從八卦出發，將二分法繼續推演到第四、第五、第六層，能得出由6個爻構成的六十四卦。（如欲了解六十四卦與投資交易的關係，請參見書末的「進階研讀」章節。）

每次一分為二，都是用「ー」和「--」做區別，那麼要如何解讀第一、第二、第三層的符號呢？

以☰（乾）為例，它由上、中、下3個陽爻組成，最下方陽爻的位置稱為初位（或初爻位），中間陽爻的位置稱為中位（或中爻位），最上方陽爻的位置稱為上位（或上爻位）。從下至上的3個爻位，依次對應事／物的第一、第二、第三層次。

順便交代，初爻位的「初」屬於時間概念，既然有初始，則必然有中間、終結。上爻位的「上」屬於空間、地位高低的概念，既然有上，則必然有中、下。這裡用的是互文修辭手法（上文裡含有下文將出現的詞，下文裡含有上文已出現的詞），也就是說，爻位同時包含了相對的地位高低（上下）、順序先後（始末）等含義。因此，初爻既是初爻也是下爻，上爻既是上爻也是終爻。

從表3可見，二分法模型既是分析方法，也是符號系統。當然，表3只是為了便於呈現二分法模型，而簡化地從特定角度說明八卦的由來，這未必全然合理，更不是《易經》中八卦的本意。即便如此，二分法模型相當簡明，能得出完整且無遺漏的分析結果。

此外，八卦符號系統為我們提供一套實用的尺度，每一個卦象相當於量尺上的一個刻度，清楚標明事／物在不同層次的狀態，可以衡量我們在真實世界的處境。

《周易・繫辭上傳》指出，「易有太極，是生兩儀，兩儀生四象，四象生八卦」。太極是指事／物的整體；「生」的字面意思是產生、創生，隱含的意思則是生生不息；太極生兩儀，是指應用二分法對事／物進行分析，得到陰陽兩儀。以此類推，直至第三個層次的八卦。

《周易・繫辭上傳》接著指出，「八卦定吉凶，吉凶生大業」。前半句的意思是，八卦是一套簡明的尺度，我們憑藉它判斷所處境遇的吉凶。

「定」是權衡、估量、判斷的意思，但嚴格地說，並非某一卦一定是吉，某一卦一定凶，而是每一時刻都要客觀判定當前的境遇。這是八卦作為判斷尺度的功能。

後半句的意思是，要從當前境遇出發，採取恰如其分的應對措施，引導局面往有利的方向轉化，也就是「生」的意思。先「定」而後「生」，成就一番事業。這是八卦作為行為準則的功能。

以此為基礎，我們得到以下的啟發。首先，八卦的8種局面具有相互轉化的潛力，我們應當想方設法，盡可能引導局面朝對自己有利的方向發展。

其次，即使認真做足準備，也不能一廂情願地相信自己完全掌握未來，而不考慮其他可能性。另一方面，即使毫無準備，也不必要過度悲觀，以為絕無機會。正確的做法是，根據自己和外界的互動，盡可能依據實際際遇，客觀評估當下所處的局面。

投資者修煉的3個階段

宋代的吉州（江西）青山惟政禪師曾說：「老僧30年前未參禪時，見山是山，見水是水。及至後來親見知識（佛家稱明師為善知識），有個入處，見山不是山，見水不是水。而今得個休歇處，見山只是山，見水只是水。」

無獨有偶，投資者的交易生涯也需要經歷3個階段。

第一個階段是憑直覺，見到風就是雨，看見行情漲就買進，看到行情下跌就賣出，做起來簡單，結果往往賺賠參半。投資應該賺多賠少，怎麼能半盈半虧呢？於是痛下苦功，參考書一本接一本地讀，研究報告一篇接一篇地鑽研，新手法一樣接一樣地嘗試。越學越多，想法紛至遝來，知識和技術都不斷累積，這是「為學日益」的道理。

然而，人可以同時抱持各種想法，也可以隨時改變主意，卻只能選擇一種行動方針。一旦想法越多，操作反而越困難。市場上漲時，覺得這可能是利多，也可能只是一時反彈，後來還會下跌。市場下跌時，覺得這可能是利空，也可能只是一時回落，後來還會上漲。就這樣，越操作越困惑，賠得越來越多，以至於最後幾乎不敢出手。這是第二階段。

投資者在痛苦中不斷尋求，有一天終於迎來第三階段。原以為投資需要看清市場，所以下功夫學習各種技法，最終悟出：不但需要看清市場，更需要看清自己；看不清自己，實際上就看不清市場。

於是，投資者從研究市場轉向自我反省，再從自我反省轉回研究市場，終於能夠透過現象看到市場趨勢的本質。上漲就是上漲，下跌就是下跌，這是最重要的第一手資料，是投資者做決策的根本依據。如此一來，複雜的知識被化繁為簡，想法重新由多變少，選擇也由多變少，這是「為道日損」的道理。此後，行動與想法的矛盾隨之減少，漸漸能穩定地實現獲利。

| 第 1 章 |

透過趨勢演變3階段，
判斷漲跌的方向

1-1 市場趨勢的驅動力，來自於價格競爭的循環機制

價格競爭的循環驅動了趨勢

市場的主要功能是促成成交、發現價格。每一筆交易的成交價格、成交量，是最重要的市場訊息。問題是，每一筆成交都是一買一賣，並且買賣雙方的價格相同、數量相等，雙方旗鼓相當，沒有買方或賣方哪一邊強、哪一邊弱。那麼，成交價格究竟提供什麼資訊呢？關鍵在於成交價格的動態變化。

市場上的成交是透過買賣雙向的連續公開出價來促成。買賣雙方一刻不停地鬥智鬥勇，而且不只是成交的兩個人互為對手，不同的買方與買方、賣方與賣方之間，也是競爭對手。

以買方來說，一方面希望買價越低越好，因此他必須和賣方鬥智鬥勇，爭取低價成交；另一方面，買方不是單一個體，而是有許多潛在的買方在相互競爭，同一時刻出價高於其他所有買方的人，就擁有成交權。

雖然每一筆成交都有一對一的買方和賣方，但是買方的背後還有許多沒成交的潛在買方。成交的買方其實是在那個時刻，以最高出價競爭成功，於是成為所有潛在買方的代表。簡單地說，這是一個動態平衡的過程，買方既要盡可能追求較低的買進價格，又要讓自己的出價高到能勝過其他買方（這也是一個陰陽模型）。

賣方的道理相同，只是方向相反。一方面，賣方希望賣價越高越好，因此必須和買方鬥智鬥勇，爭取高價成交；另一方面，賣方背後還有許多潛在

的賣方在相互競爭，同一時刻出價低於其他所有賣方的人，就擁有成交權。

從上述討論可見，本質上並不存在一對一的成交雙方。成交是由買賣雙方的群體促成，成交雙方是某個時刻裡買賣雙方群體的代表。

回到成交價格帶來的市場訊息，舉例來說，假定原來的成交價為10.00元，現在變成10.03元，也就是上漲了。

從買方群體來看，既然所有買方都希望以低價買進，價格上漲唯一合理的解釋是：買方群體之間的競爭變得更激烈，單一買方不得不報出更高的買價，才能搶得優先成交的機會。

從賣方群體來看，既然所有賣方都希望以高價賣出，現在的價格就相當有利，賣方群體之間的競爭變得和緩，單一賣方可以好整以暇，即使報出更高的賣價，也能搶得優先成交的機會。

隨著新的成交價出現，下一輪出價競爭也隨之展開。當買方陣營的內部競爭壓力越來越強烈、賣方陣營的內部競爭壓力越來越和緩，前一個上漲的成交價引發下一個更高的成交價，就形成價格的上升趨勢。

再舉一個反方向的例子，假定原來的成交價為10.00元，現在變成9.97元，也就是下跌了。

價格下跌表示買方群體之間的競爭減緩，賣方群體之間的競爭增強。在下一輪出價中，買方變從容，可以報出更低的買價；賣方變慌張，不得不報出更低的賣價，雙方撮合、共同指向更低的成交價。

當買方陣營的內部競爭壓力越來越和緩、賣方陣營的內部競爭壓力越來越強烈，前一個下跌的成交價引發下一個更低的成交價，就形成價格的下降趨勢。

綜合上面所述，成交價格是買方與賣方之間的競爭壓力計。市場的雙向公開出價機制構成市場內部的競爭循環，進而驅動價格趨勢。

行情啟動後，價格變化飛快

投資者大多採用限價單來交易。限價單既能指定數量，也能指定價格，唯有當市場上出現符合或優於指定價格的條件才能成交。以買進的限價單來

說，成交價只能等於或低於指定價格。

假設王先生認為股市處在上升趨勢中，深思數日後，終於決定買進某檔股票。該股的前一日收盤價為30.00元，開市後10分鐘，股價在29.95～30.05元的區間內橫向震盪，成交量相比前一日並無差別。此時，王先生認為：「還可以再看看，不著急。」

直到開市後30多分鐘，突然情況變化，價格升到30.07、30.08元。王先生心想：「我本來就想要買，看來是對的。得趕緊買，不能再等了。」為了保險起見，他設定的限價是30.10元。

王先生輸入數字，核對無誤後按下確認鍵。此時，他抬頭再看行情，心想：「怎麼變成30.11、30.12元了？」

這下子，30.10元的買進限價單當然不可能成交，於是他趕緊撤單，重新設定限價30.15的買單。按下確認鍵，成交價數字跳動，又變成30.14、30.16。再次撤單，重新輸入，限價30.20。按下確認鍵，再看，又變成30.18、30.20、30.22……。

就這樣，王先生一路限價下單，又一路撤單、一路追價，直到30.31、30.33元，還是沒能順利成交。

每個有實際交易經驗的讀者，都有類似體驗吧！那種怎麼追都追不上的挫敗感，實在令人難以忘懷。

在行情啟動後，市場變化速度之快令人瞠目結舌，這展現了雙向公開出價機制的驚人效率，以及價格競爭循環的作用。每個投資者原本是獨立參與市場，但是所有人在總體上匯聚成一個巨大的漩渦，個體被捲入其中高速旋轉，幾乎喪失自主性。

趨勢具有連貫性

可能馬上會有人指出，市場除了上述驚心動魄的快速漲跌，更多時候是比較沉悶的橫向盤整，有時候價格波動的幅度非常小，連最有耐心的人都會懷疑，市場是不是永遠不會再有變化（見圖1-1）。

的確，市場橫向盤整的時間明顯多於快速漲跌的時間，有一種說法是，

圖1-1　美元指數月線圖（2002年9月～2014年10月）

↑從圖中可以看到，從2005年11月的高點92.63算起，到2014年9月向上突破為止，三角形底部形態持續將近9年。在這過程中，價格波動的幅度越來越窄、交易越來越清淡，特別是臨近向上突破的前夕，從2013年10月到2014年7月的10個月間，高點為81.48、低點為78.90，波動範圍不足3點，此時交易幾乎無法展開，趨勢性訊號（例如突破訊號）也失去意義。在這樣的市場環境下，任你有天大的本事，也是巧婦難為無米之炊。

橫向盤整的時間約占3/4，快速漲跌的時間只占1/4。然而，不論快速漲跌或橫向盤整，都具有連貫性，都是市場趨勢演變的一種表現形式。連貫性驅動行情，只要連貫性沒有被打破，行情就不會終止。

連貫性在，則趨勢在。連貫性被打破，則形成反轉點，趨勢進入不確定

狀態。此時，原本的趨勢不一定會反轉，而是進入休整，往往會形成一段橫向盤整行情。經過充分的橫向盤整後，市場多半會恢復原本的趨勢。當然，在少數情況下，也可能演變為真正的趨勢反轉。

　　研究市場快速漲跌與橫向盤整的原因，以及兩者之間的相互轉化，正是本章的重點所在。不過，盈虧都是行情快速漲跌的結果，所以投資者的注意力往往都集中在快速漲跌，甚至將橫向盤整視為快速漲跌的準備階段。

1-2 從正負 2 種回饋循環分辨趨勢，你需要注意……

正相關循環：單向自我加強或自我削弱

　　當股市行情上漲，投資者的財富增加，驅動消費需求上升；當消費需求上升，企業產品與服務的銷售增長，驅使企業利潤上升；當企業的利潤上升，在同樣的定價水平下，驅動股價進一步上漲。牛市行情經常就是這樣形成。

　　同樣的過程也可能形成熊市行情。當股市行情下跌，投資者的財富縮水，導致消費需求萎縮；當消費需求萎縮，企業產品和服務的銷售下降，導致企業利潤減少；當企業的利潤減少，在同樣的定價水平下，驅使股價進一步下跌。

　　綜合上面所述，股市行情好，則消費者需求高，反之亦然。因此，股市行情和消費者需求之間是正相關作用，屬於相生關係，在圖1-2a（見36頁）中以箭頭實線表示。同樣道理，消費者需求和企業利潤之間、企業利潤和股市行情之間，也都具有正相關作用和相生關係。

　　股市行情、消費者需求、企業利潤三者之間的正相關作用，形成一個首尾相連的循環過程（見圖1-2a），並引發兩種狀態：要麼自我加強，股市行情越來越牛；要麼自我削弱，股市行情越來越熊。三者一榮俱榮，一損俱損。顯然，這種循環傾向於極端化，股市行情要麼進入牛市，要麼進入熊市，就是不可能處在穩定狀態。

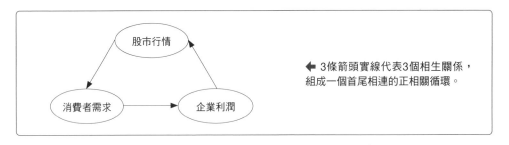

圖1-2a 股市行情、消費者需求、企業利潤三者之間的正相關循環

← 3條箭頭實線代表3個相生關係，組成一個首尾相連的正相關循環。

負相關循環：回歸穩定狀態

在圖1-2a的循環系統中添加兩項經濟因素：「投資支出」和「利率」，就得到圖1-2b。

企業在利潤上升後，一般都會增加投資、擴大生產；反過來，利潤下降則會收縮投資。由此可知，企業利潤和投資支出之間是正相關作用，屬於相生關係。再者，企業的投資支出提高後，會增加借貸活動，導致市場利率變高；反之，則利率變低。因此，投資支出和市場利率之間也是正相關作用。

但是，如果市場利率上升，股市行情通常傾向於下跌；反過來，如果市場利率下跌，股市行情傾向於上漲。因此，市場利率和股市行情之間是負相關作用，兩者屬於相剋關係，在圖1-2b中以箭頭虛線表示。

沿著圖1-2b走完一個完整循環（其中包含4個相生關係、1個相剋關係），我們會發現，假設股市行情開始時，5個因素都處在上升過程中，那麼最後收尾時，利率的上升不利於股市行情繼續上漲，而是有利於反轉下跌。假設股市行情開始時，5個因素都處在下降過程中，那麼最後收尾時，利率的下降不利於股市行情的繼續下跌，而是有利於反轉上漲。

想要分辨圖1-2b的整體循環關係屬於正相關或負相關，只要數一數圖中的虛線數目即可。如果圖中沒有虛線，則整體循環關係屬於正相關。如果既有虛線也有實線，當虛線數目為偶數，則整體循環為正相關；當虛線數目為奇數，則整體循環為負相關（實線可以忽略）。

換言之，圖1-2b的整體循環關係，實際上是由最後一道相剋關係所決

圖1-2b　回歸穩定狀態的負相關循環

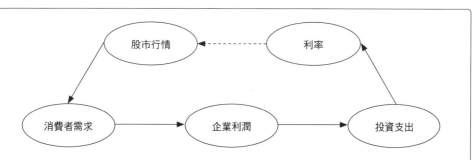

↑ 股市行情上漲產生財富效應，影響消費者需求增加，消費者需求增加影響企業利潤提升，企業利潤提升影響投資支出擴大，普遍的投資擴大必然導致利率上升，這些都是相生關係，在圖中以箭頭實線表示。然而，利率上升提高資金的機會成本，降低股市的吸引力，因此利率和股市行情是相剋關係，在圖中用箭頭虛線表示。最後這一層相剋關係，決定了整個循環為負相關循環，給市場帶來穩定性。

定。當整體循環作用為負相關，將對股市行情帶來穩定性，通常會形成橫向盤整的非趨勢狀態，而不是牛市或熊市的趨勢狀態。

從上述討論可見，市場趨勢的上升和下降（即趨勢狀態），來自於正相關循環；市場趨勢的橫向盤整（即非趨勢狀態），來自於負相關循環。一般認為，非趨勢狀態是兩種趨勢狀態之間的過渡或準備階段。市場不會總是處在趨勢狀態，也不會總是處在非趨勢狀態，而是兩種情況組合起來，互相交替，共同形成曲折的趨勢演變路徑。

依照演變的時間長度，趨勢可以分成不同規模級別。投資者應盡力分辨不同規模的趨勢，因為若沒有說明時間長度，單單只看市場處在趨勢狀態或非趨勢狀態，是沒有意義的。

真實世界的因果循環

圖1-2a和圖1-2b顯然是對現實世界的過度簡化，如同在實驗室環境中進行的理想化分析。雖然如此，它們提供一套簡便的分析工具，幫助我們對影響股市行情的眾多因素和複雜過程，有比較深入的洞察。

　　圖1-3盡可能列舉出影響股市行情的各種因素。右上角為貨幣政策因素，例如：國內外利率走勢。左上角是財政政策的因素，例如：稅率、政府支出等。左側中間是與物價相關的因素，例如：通貨膨脹、工資水準等；左下角是工會相關的因素，右下角事個體經濟層面的因素。還有一些未列舉在圖上，例如：政策、上市節奏、監管尺度等因素，也具有十分重要的作用。

　　運用這個分析工具，我們能清楚理解各種因素的相互作用，找出更多影響股市行情的循環關係。圖1-2a和圖1-2b就是從圖1-3摘選出的局部循環關係，以下再提供兩個例子。

　　例一，股市行情→消費者需求→就業水準→工資水準→通貨膨脹→政府支出→貨幣供應增長→利率→股市行情（見41頁圖1-4a）。在這個循環中，箭頭虛線的數量為偶數2條，因此整體循環是正相關，股市行情可能表現為持續上漲的牛市，或是持續下跌的熊市。

　　例二，股市行情→消費者需求→就業水準→工資水準→通貨膨脹→政府支出→稅率水準→股市行情（見41頁圖1-4b）。在這個循環中，箭頭虛線的數量為奇數1條，因此整體循環是負相關，股市行情趨向橫向盤整的穩定狀態。

　　例一和例二的主要區別是政府支出增加後，政府選擇的解決方式不同。在例一中，要看政府是不是打開印鈔機猛印鈔票，如果是，則為牛市行情；如果否，則為熊市行情。在例二中，要看政府是不是量入為出，採取收支平衡的保守政策。

現實是複雜的，基本分析是艱難的

　　若以為圖1-3是真實世界的藏寶圖，指引我們掌握錯綜複雜的股市行情，那就大特特錯了。現實遠不是那麼回事。

　　第一個問題是，影響股市行情的因素實在太多，圖1-3不能囊括全部。而且，有時候看起來不起眼的因素，也可能對股市行情發揮重要作用。

　　第二個問題是，可能發揮作用的循環關係太多。如何才能發現當下正在發揮主導作用的循環呢？還有，當發揮主導作用的循環發生變化，我們如何及時察覺呢？

圖1-3　現實中影響股市行情的因素及其正、負相關作用

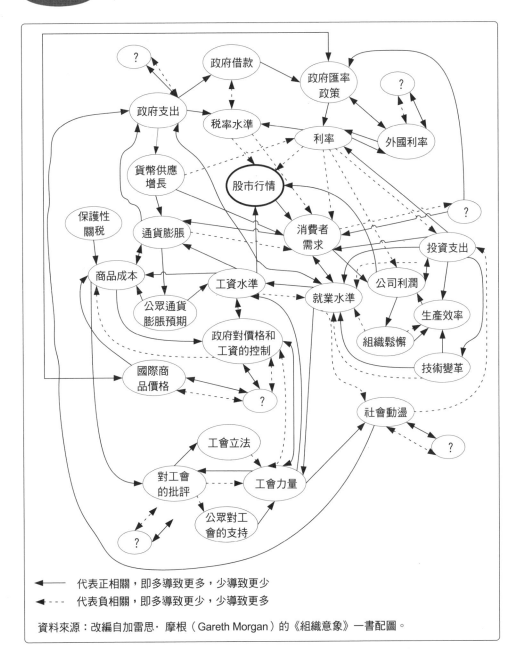

代表正相關，即多導致更多，少導致更少

代表負相關，即多導致更少，少導致更多

資料來源：改編自加雷思・摩根（Gareth Morgan）的《組織意象》一書配圖。

第三個問題是，我們在分析某個循環過程時，通常假定其他條件維持不變，只考慮某個循環當中各項因素的相互作用，然而現實世界更加複雜，每個因素不可能只受到單一循環的影響。

舉例來說，在圖1-2a中，消費者需求僅受到股市行情的影響，可是在圖1-3裡，消費者需求還受到稅率水準、利率、就業水準、通貨膨脹等因素的影響。倘若這些因素的影響強過股市行情，圖1-2a的循環恐怕難以為繼；倘若這些因素的影響與股市行情旗鼓相當，圖1-2a的循環過程就更加複雜。

第四個問題是，因素的相互作用和循環，都是經過簡化的概念，並未考慮到每一層作用都需要一定的時間才能發揮效應。不僅如此，循環過程中受到影響的產業、公司、個人不同，以及受影響的程度不同，產生的效應也就花樣百出，進一步增加循環的複雜性。

第五個問題是，許多圖1-3的因素根本難以量化，或是需要花費一段時間才能取得數據，比如說，消費者需求要靠採樣統計才能夠量化。更別說，有些資訊根本得不到，即使得到資訊也可能不準確，甚至是有心人士故意散佈的煙霧彈。

要解決上述問題，幾乎得有上帝的能力。在現實困難之下，基本分析之路荊棘遍地，能夠走通這條路的人必定少之又少。

用市場趨勢的事實做判斷最可靠

既然基本分析如此之難，投資者應該根據什麼做判斷？什麼才是投資者採取行動之前，最應該參考的事實根據？我們可以透過3個標準來檢驗。

首先，必須參考客觀的事實。人為的分析和觀點不能保證客觀性，我們自己的感覺和願望更不具客觀性，都不是值得參考的事實根據。

其次，必須參考相關的事實。假設在道路上開車時，突然有行人橫越馬路。我們不知道他為什麼這樣做，也不感興趣，因為對我們來說，關鍵是要及時踩煞車、打方向盤，才能避免碰撞行人安全通過。行人有橫越馬路的原因，而且都是事實，但這些事實不屬於駕駛人的事實。在投資市場上，價格走勢是否與某個經濟因素相關，有時並不容易判斷，甚至有人會用不相關的事實來迷惑投資者。

圖1-4a　政府採取擴張性貨幣政策的循環過程

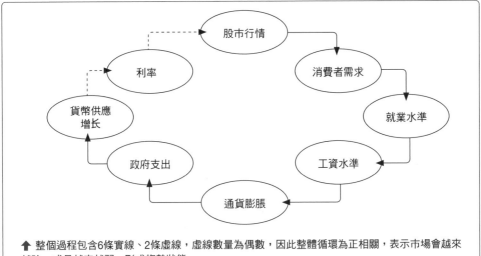

↑ 整個過程包含6條實線、2條虛線，虛線數量為偶數，因此整體循環為正相關，表示市場會越來越強，或是越來越弱，形成趨勢狀態。

圖1-4b　政府採取量入為出財政原則的循環過程

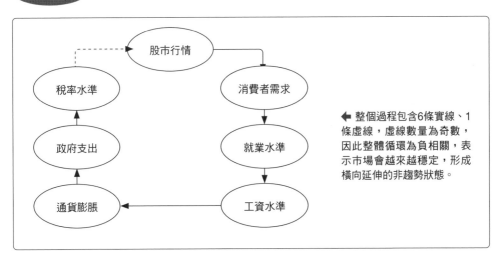

← 整個過程包含6條實線、1條虛線，虛線數量為奇數，因此整體循環為負相關，表示市場會越來越穩定，形成橫向延伸的非趨勢狀態。

最後，必須參考現場的、即時的事實。投資者不是事後破案的偵探，而是身處現場、阻止罪行的俠客。這些統計數據是落後指標，通常可視為事後破案的線索，卻不是現場和即時的事實。

於是我們發現，只有市場趨勢能通過上述檢驗，趨勢是投資者判斷和行動的可靠根據。

1-3 《周易》八卦的符號系統，可以表示趨勢如何組合

　　如前文所述，市場不是處於趨勢狀態，就是處於橫盤狀態。投資盈虧由趨勢狀態而來，一般認為橫向盤整是趨勢狀態之間的過渡階段，我們關注的重點是在趨勢狀態。（本節和1-4節的內容需要《周易》與數學的背景知識，讀者可以先跳過本節，從1-5節接續閱讀，這不會影響對後文的理解。）

　　《周易・繫辭上傳》中寫道：「是故，易有太極，是生兩儀，兩儀生四象，四象生八卦八卦定吉凶，吉凶生大業。」太極代表我們要研究的問題，即市場趨勢。要分析市場趨勢，可以採用序章中表3介紹的陰陽二分法，那是《周易》最基本的核心理論。

　　「是生兩儀」。先採取第一層二分法，將一個囫圇的整體分為兩儀──陽━和陰--。我們將這一層稱為大趨勢，用陽━表示上升趨勢，陰--表示下降趨勢（如44頁圖1-5所示）。

　　接下來，再用現代人熟悉的三角函數波形，將大趨勢的演變路徑圖像化（見44頁圖1-6）。以橫軸代表週期（時間），縱軸代表振幅（價格），並假定振幅從-1到1，週期為T。在圖1-6中，橫軸從-1.57到1.57、縱軸從-1到1是前半個週期的波形，為上升趨勢，用陽━表示；橫軸從1.57到4.71、縱軸從1到-1是後半個週期的波形，為下降趨勢，用陰--表示。

　　「兩儀生四象」。在兩儀陽━和陰--的基礎上，每一儀（大趨勢）再二分，便得到第二層的四象。原來大趨勢的陽━，一分為二變成⚌（老陽）、⚍（少陰）。原來大趨勢的陰--，一分為二變成⚎（少陽）、⚏（老陰）。換句話說，在原本大趨勢的基礎上疊加中等規模的趨勢，我們將這一層稱為

圖1-5 透過二分法得到的8種趨勢組合

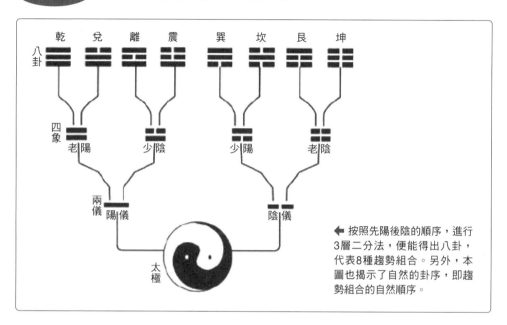

← 按照先陽後陰的順序，進行3層二分法，便能得出八卦，代表8種趨勢組合。另外，本圖也揭示了自然的卦序，即趨勢組合的自然順序。

圖1-6 借助三角函數波形來理解上升趨勢與下降趨勢

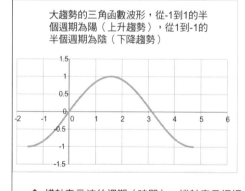

大趨勢的三角函數波形，從-1到1的半個週期為陽（上升趨勢），從1到-1的半個週期為陰（下降趨勢）

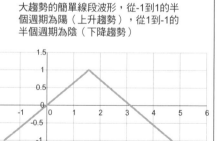

大趨勢的簡單線段波形，從-1到1的半個週期為陽（上升趨勢），從1到-1的半個週期為陰（下降趨勢）

↑ 橫軸表示波的週期（時間），縱軸表示振幅（價格）。陽（上升趨勢）是從-1到1的半個波，陰（下降趨勢）是從1到-1的半個波。右圖採用簡化的線段來模擬同一個波形。

中趨勢。

四象的符號有兩個爻位，初爻（下爻）代表大趨勢，上爻（終爻）代表中趨勢。於是，⚌（老陽）表示大趨勢為陽，中趨勢為陽；⚏（少陰）表示大趨勢為陽，中趨勢為陰……，以此類推。

用波形來表示，大趨勢和中趨勢的振幅數值同樣是從-1到1，區別在於週期（時間）不同，中趨勢的週期為T/2，只有大趨勢的一半。如前所述，大趨勢的週期分為陽—的半波和陰--的半波，各個半波又包括兩個中趨勢的半波，於是兩個層級組合成4種卦象，代表大趨勢和中趨勢的4種趨勢組合狀態。

「四象生八卦」。在四象的基礎上，每一象（中趨勢）再二分，便得到第三層的八卦：☰（乾）、☱（兌）、☲（離）、☳（震）、☴（巽）、☵（坎）、☶（艮）、☷（坤）。換句話說，在原本大趨勢和中趨勢的組合上，疊加了小規模的趨勢，我們稱之為小趨勢。

八卦的符號有3個爻位：初爻（下爻）代表大趨勢，中爻（二爻）代表中趨勢，上爻（終爻）代表小趨勢。☰（乾）表示大趨勢為陽，中趨勢為陽，小趨勢為陽；☱（兌）表示大趨勢為陽，中趨勢為陽，小趨勢為陰；☲（離）表示大趨勢為陽，中趨勢為陰，小趨勢為陽；☳（震）表示大趨勢為陽，中趨勢為陰，小趨勢為陰……，以此類推。

用波形來表示，小趨勢的振幅數值也是從-1到1，但是時間長度小於中趨勢，週期只有T/4，是中趨勢的一半，大趨勢的1/4。如前所述，大趨勢的週期分為陽和陰兩個半波，陽的半波包含兩個中趨勢的半波，再包含4個小趨勢的半波，於是3個層級一共能組合出8種卦象，代表了大、中、小趨勢的8種組合狀態。

八卦符號裡的爻象分為陰爻和陽爻，分別代表2種趨勢方向，即下降趨勢和上升趨勢；爻位的初、中、上3個位置，分別代表大、中、小3種規模級別的趨勢。爻象和爻位雙方面結合，清楚簡明地展示出大、中、小趨勢的8種組合狀態。

在一般的市場技術分析教科書中，很少用符號來表述趨勢週期和趨勢方向，更不用說趨勢的組合狀態。透過上述二分法的過程，八卦成為一套表述趨勢組合變化的符號系統。

1-4 依照先天太極圖的卦序，繪製理想的趨勢演變模型

卦序與趨勢演變

圖1-7為先天太極圖，由一對首尾相連的陰陽魚構成，其中陽魚的部分從小到大，分別對應著八卦中的 ☳（震）、☲（離）、☱（兌）、☰（乾）四卦；陰魚的部分從小到大，分別對應著八卦中的 ☴（巽）、☵（坎）、☶（艮）、☷（坤）四卦。

為了簡明起見，以下只說明陽魚的部分（陰魚部分道理相同，方向相反）。首先看到，陽魚的四卦初爻都是陽爻，代表在這4個趨勢組合中，大趨勢都是上升趨勢。其次，這四卦的順序從上到下，和圖1-5最上層左半部從左到右的順序完全一致。可見，八卦除了代表各種趨勢組合，還有另外一項重要價值——卦序，即八卦的順序。

先天太極圖的卦序並無神秘之處，只是透過圖1-5的簡單二分法，所獲得的自然順序。正因為得來自然，才包含重要資訊，也就是大、中、小趨勢的排列組合。

小趨勢週期最短，是中趨勢的1/2、大趨勢的1/4。在陽魚所對應的4個卦象☳（震）、☲（離）、☱（兌）、☰（乾）中，每一個卦象的上爻都代表小趨勢的一個半波。因此，前兩個卦象組成一個小趨勢的完整週期，後兩個卦象組成另一個小趨勢的完整週期，陽魚的四卦總共組成兩個小趨勢的完整週期。

中趨勢的週期是小趨勢的兩倍，陽魚的前兩個卦象☳（震）、☲（離）組合在一起，才能表示中趨勢從1到-1的半波；其中爻皆為陰爻，表示中趨

圖1-7　先天太極圖的八卦卦序

← 本圖把圖1-5的二分法結果用圖像展示出來，形如兩條相互追逐的魚兒。顧名思義，白色為陽魚，黑色為陰魚。在陽魚和陰魚的旁邊，按照自然卦序分別繪製了4個卦象。

勢的前半個週期為下降趨勢。陽魚的後兩個卦象☱（兌）、☰（乾）組合在一起，能表示中趨勢從-1到1的半波；其中爻皆為陽爻，表示中趨勢的後半個週期為上升趨勢。綜合以上，陽魚的四卦組合起來，可以展示一個中趨勢的完整週期。

最後看到大趨勢，陽魚四卦的初爻皆為陽爻，都表示上升趨勢；然而，從上述分析的邏輯來看，4個卦象組合在一起才足以展示大趨勢從-1到1的半個波。

換個角度來理解，八卦的一個卦象可以展示小趨勢的半波，兩個卦象可以展示中趨勢的半波，4個卦象可以展示大趨勢的半波。卦序之所以重要，是因為展示中趨勢的兩個卦象，以及展示大趨勢的4個卦象，都不是隨意挑選的，要按照卦序才能組合成功。

陽魚卦象的大、中、小趨勢波形模擬

圖1-8（見49頁）以先天太極圖的陽魚四卦☳（震）、☲（離）、☱（兌）、☰（乾）為例，依照卦序繪製出大、中、小趨勢的波形。其中，左

側的3張圖採用三角函數波形來模擬趨勢演變，右側的3張圖採用簡單線段來模擬趨勢演變，將圖表變得更為簡明。

另外，圖1-8從下到上分為3層。最下層是大趨勢，對應八卦卦象的初爻。陽魚四卦的初爻都是陽爻，共同組成大趨勢從-1到1的前半個波形。

中層顯示的是中趨勢，對應陽魚四卦的中爻。前兩卦☳（震）、☲（離）的中爻為陰━ ━，共同組成中趨勢從1到-1的前半個波形，為下降趨勢；後兩卦☱（兌）、☰（乾）的中爻為陽━，共同組成中趨勢從-1到1的後半個波形，為上升趨勢。前後兩個半波組成一個完整的中趨勢波形。

上層顯示的是小趨勢，對應陽魚四卦的上爻。☳（震）的上爻為陰━ ━，代表小趨勢從1到-1的前半波，為下降趨勢；☲（離）的上爻為陽━，代表小趨勢從-1到1的後半波，為上升趨勢。☱（兌）的上爻為陰━ ━，代表小趨勢第二個從1到-1的前半波，為下降趨勢；☰（乾）的上爻為陽━，代表小趨勢第二個從-1到1的後半波，為上升趨勢。4個半波組成兩個完整的小趨勢波形。

透過圖1-8，可以直接比較大、中、小趨勢的關係，包括趨勢方向和趨勢週期的長短。大趨勢的方向為上升，週期長度為半個波形。中趨勢的方向為先下降後上升，週期長度為一個完整波形。小趨勢的方向為下降、上升、下降、上升，週期長度為兩個完整波形。

總結來說，大趨勢的半個週期對應中趨勢的一個週期；中趨勢的一個週期對應小趨勢的兩個週期。

波形模擬疊加──理想趨勢演變模型

圖1-9（見50頁）的最上層將圖1-8的大、中、小趨勢波形結合起來，讓3種趨勢的對比更鮮明。在整個圖形中，大趨勢是從-1到1的半波，中趨勢是一個完整波形，小趨勢是兩個完整波形。

大趨勢一路向上，沒有波折。中趨勢先下降再上升，前半部分與大趨勢的方向相反，後半部分增強了大趨勢；大趨勢疊加中趨勢之後，兩者組成的總趨勢振幅加劇、波動增多。再疊加小趨勢的下降、上升、下降、上升波形，總趨勢的振幅更加劇烈，波動也進一步增多。

在圖1-8和圖1-9中，每一條曲線都是由33個資料點連接而成。我們將代

圖1-8　陽魚4個卦象的波形模擬

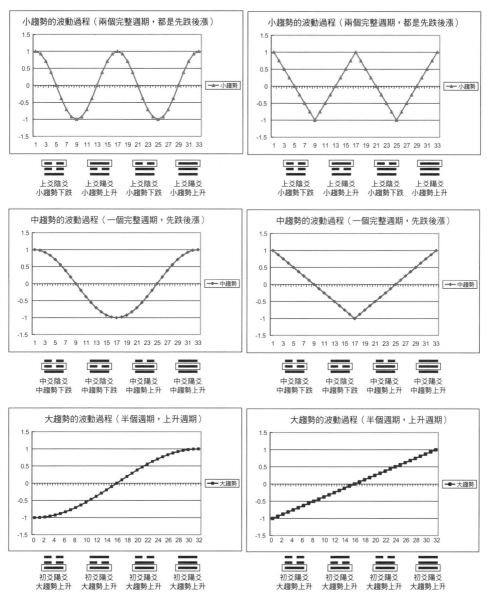

↑ 上爻代表小趨勢，中爻代表中趨勢，初爻代表大趨勢。大趨勢的週期最長，中趨勢的週期是大趨勢的一半，小趨勢的週期又是中趨勢的一半。因此，陽魚的4個卦象能展示大趨勢的半個週期、中趨勢的一個週期、小趨勢的兩個週期。

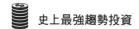

圖1-9　陽魚卦象大、中、小趨勢波形疊加

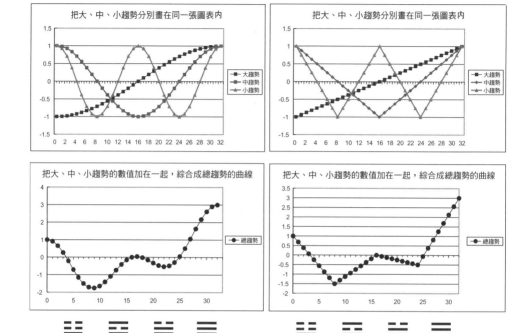

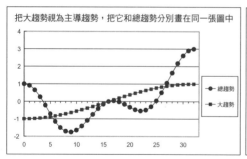

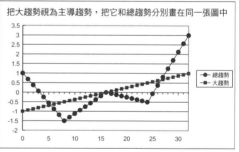

⬆ 本圖最上層將陽魚卦象大、中、小趨勢的波形繪製在同一坐標內，便於比較。中層將3種趨勢的數值加總起來，畫出總趨勢波形，即理想的趨勢演變模型。最下層將總趨勢和大趨勢的波形畫在一起進行對比。

表週期的橫軸分成32等份，能夠得到33個橫軸的採樣點，每個採樣點都對應大、中、小趨勢的一個振幅數值（即縱軸數據），兩者結合便構成曲線上的33個資料點。

在圖1-9的最上層，將同一個橫軸採樣點所對應的3種趨勢振幅數值相加起來，可以得出一個總趨勢的振幅數值。分別計算33個採樣點的總趨勢振幅數值，便能得出33個資料點，再將這些資料點連接起來，所畫出的總趨勢波形就是大、中、小趨勢波形疊加之後的綜合波形，如圖1-9的中層所示。

由此可知，我們看到的市場趨勢，是綜合大、中、小趨勢之後呈現出的樣貌。換句話說，圖1-9中層的總趨勢的波形，並非現實中的趨勢演變路徑，而是根據《周易》原理獲得的理想化演變過程，我們稱之為理想的趨勢演變模型。

大趨勢的特殊性

圖1-9的最下層將理想的趨勢演變模型與大趨勢波形畫在同一個坐標內，進行直接比較。可以看到，大趨勢表現為相對平滑、一致的上升，理想的趨勢演變模型卻有很多波折。

在最初階段，它與大趨勢的方向相反。在中間階段，大趨勢一如既往地向上，它卻原地踏步、徘徊不前。直到最後階段，它才急速劇烈拉升，把大趨勢遠遠甩在下方。顯然，大趨勢定出基調後，中趨勢和小趨勢的加入雖然沒有改變總體方向，卻更改總體節奏，增加波動，導致前後階段的趨勢運行起伏不定。

雖然如此，大趨勢仍具有決定性的意義，先天太極圖的陽魚之所以為陽，正因為其大趨勢為陽（上升）；陰魚之所以為陰，正因為其大趨勢為陰（下降）。也就是說，大趨勢決定了總趨勢的方向，不僅如此，大趨勢也引領中、小趨勢的排列組合，決定了總趨勢的演變路徑，也就是卦序。

為了幫助讀者理解大趨勢的特殊意義，以下用四季為例來說明。

黃河流域的四季變化分明，在靠天吃飯的農耕時代，曆法，尤其是二十四節氣，對農時極為重要。四季和二十四節氣都是隨著太陽照射的角度更迭變化，比如說，冬至的太陽照射角度最低，同一時間的日影最長；夏至的太

圖1-10　二十四節氣日影長度圖

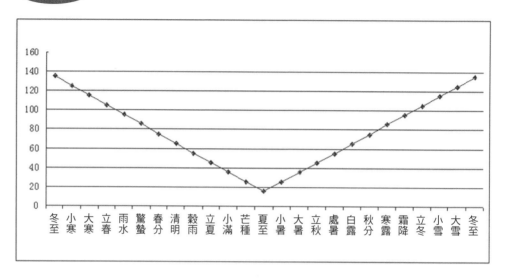

陽照射角度最高，同一時間的日影最短。

　　太陽照射角度是驅動四季變化的主因，可以對應大趨勢。從冬至到夏至，太陽照射的角度越來越高，日影越來越短，對應陽魚的大趨勢；從夏至到冬至，太陽照射的角度越來越低，日影越來越長，對應陰魚的大趨勢（見圖1-10）。若將圖1-10的縱軸倒置，冬至到夏至的日影長度會變成從低到高，趨勢演變路徑會與圖1-8的右下圖完全一致。

　　一般來說，從氣溫變化就能得知四季變化。氣溫變化除了受到太陽照射角度的影響，也有地理環境、植被等因素的影響。假定太陽照射的角度對應大趨勢、地理環境對應中趨勢、植被對應小趨勢，可以發現，大趨勢是影響氣溫變化的決定性因素，但是中趨勢、小趨勢改變了氣溫變化的節奏，使得氣溫變化的過程並非直線上升或下降。

　　因此，一年之中氣溫的最低點不是在冬至，而是在冬至1個月之後的大寒；氣溫的最高點也不是在夏至，而是在大暑前後。

　　從冬至之後的9日，被稱為「數九寒冬」。此時寒氣越來越重，因為從冬至開始，雖然大趨勢從下降轉為上升，但是中趨勢和小趨勢依然下降，導致氣溫的總趨勢在最初階段繼續下降，與大趨勢相反。乍看之下，此時的氣

溫變化延續自夏至以來的下降趨勢，但由於原來的趨勢已達到平衡，新趨勢的向下推動反而造成反效果，使趨勢失去平衡，倒向反面。

同理，從夏至之後，暑氣和濕氣越來越重，令人特別難受，被稱為苦夏，這是因為從夏至開始，雖然大趨勢從上升轉為下降，但是中趨勢和小趨勢依然上升，導致氣溫的總趨勢在最初階段繼續上升，與大趨勢相反。乍看之下，此時的氣溫變化延續自冬至以來的上升趨勢，但由於原來的趨勢已達到平衡，新趨勢的向上推進反而造成反效果，使趨勢失去平衡，倒向反面。

從上述例子可以看出，大趨勢發揮引領整體方向的作用，也決定了中、小趨勢的排列組合，也就是卦序（見圖1-9的最下層）。此外，這也啟發我們，由於大趨勢具有決定整體方向的重要意義，研究行情一定要從大趨勢出發。投資者要盡可能觀察最長期的趨勢，作為趨勢研究的基礎和出發點。

陰魚和陽魚連續演變的理想趨勢模型

圖1-9所示的理想趨勢演變模型，只是圖1-7先天太極圖的陽魚部分。為了簡明，我們不打算詳細介紹陰魚的部分，但是將其波形模擬示例圖放在圖1-11（見54頁）中，以便和陽魚的波形做比較。

從圖1-7的先天太極圖可以看到，陽魚的演變過程孕育陰魚，陽魚達到頂峰後，總趨勢必然轉化為陰魚；同理，陰魚的演變過程孕育陽魚，陰魚達到頂峰後，總趨勢必然轉化為陽魚。

陰魚和陽魚的連續轉化構成了完整的理想趨勢演變模型。以下套用上述的波形圖，來呈現陰陽魚的連續演變路徑。

觀察圖1-9的陽魚總趨勢波形，起點的振幅數值為1，終點為3；再看到圖1-11的陰魚總趨勢波形，起點的振幅數值為-1，終點為-3。如果直接將兩者繪製在同一個坐標裡，兩條曲線不能首尾相連，而且在數值上相差4個單位。

再回到圖1-5和圖1-7，會發現陽魚卦序在二分法的圖上，順序是從右至左；陰魚卦序在二分法的圖上，順序卻是從左至右。由此可見，陽魚與陰魚的銜接並不是呆板機械的。

我們的解決方法是，保留陽魚的數值、圖形位置不變，將陰魚的起點數

圖1-11　陰魚卦象大、中、小趨勢波形疊加情形

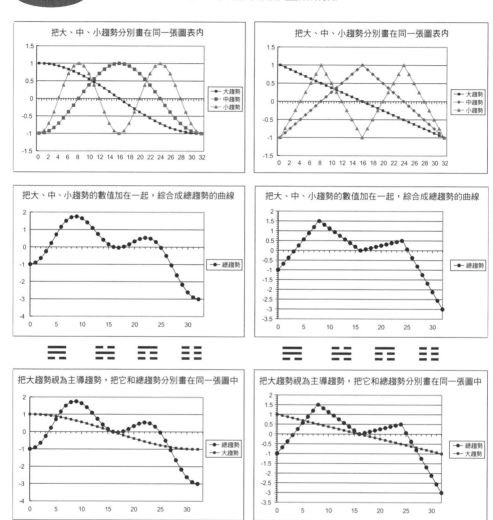

⬆ 本圖最上層將陰魚部分的大、中、小趨勢波形繪製在同一個坐標系內，便於比較。中層將3種趨勢的數值加總起來，畫出總趨勢的波形，即陰魚對應的理想趨勢演變模型。最下層將總趨勢和大趨勢的波形畫在一起做對比。

圖1-12　連續的理想趨勢演變模型

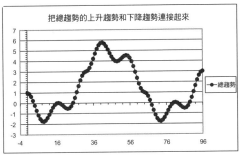

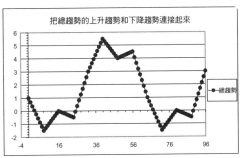

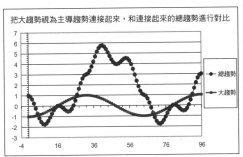

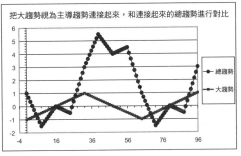

值從-1修改為3、終點數值從-3修改為1，並將總趨勢的波形往上平移4個單位。之所以能夠這麼做，是因為圖1-9和圖1-11的總趨勢波形，其振幅數值只有相對意義，並非絕對的值。換言之，我們要呈現的是曲線圖形，而不是絕對數值。

　　如此一來，陰魚的波形保持不變，而且起點的數值和陽魚的終點一致，陰陽魚的曲線可以不中斷地相連起來。不僅如此，兩條曲線的終點和起點是連續的，當陰魚的曲線結束在數值1，接著便轉化為新一輪陽魚，再次從數值1開始，照這樣循環往復，可以一直不間斷地延續下去。

　　圖1-12展示了從陽魚轉化成陰魚，再從陰魚轉化到陽魚的連續波形，代表完整連續的理想趨勢演變模型。

1-5 投資標的的趨勢演變有3階段，各有什麼交易策略？

圖1-13放大圖1-12的總趨勢三角函數波形，並將其連續演變路徑分為3個進程，包括階段一到階段六。階段一～三是陽魚，階段四～六是陰魚。

請注意，階段一並沒有包括總趨勢的開頭部分，因為它與前一輪陰魚的第三階段連在一起，而階段三則包含後一輪陰魚的開頭部分。同樣道理，階段四（陰魚階段一）並沒有包括總趨勢的開頭部分，因為它與前一輪陽魚的階段三連在一起，而階段六（陰魚階段三）則包含後一輪陽魚的開頭部分。

階段一可以稱為底部形態，階段四（陰魚階段一）可以稱為頭部形態。下面以陽魚為例，逐一分析各個階段的特徵。

總趨勢的開頭部分

圖1-9的陽魚總趨勢從下跌開始，其開頭部分延續了前一輪陰魚總趨勢的下降軌跡，明顯延長、加劇了陰魚趨勢在最後階段的下跌過程。正是這一步使市場從平衡走向不平衡，以至於陰魚趨勢不再能延續。實際上，從外觀很難區分何時屬於原趨勢的最後階段、何時屬於新趨勢的第一階段。換言之，我們難以及時察覺底部的到來，因此左側交易幾乎是不可能的。

圖1-11的陰魚總趨勢從上升開始，其開頭部分延續前一輪陽魚總趨勢的上升軌跡，明顯延長、加劇陽魚趨勢在最後階段的上漲過程。正是這一步使市場從平衡走向不平衡，以至於陽魚趨勢不再能延續。同樣地，我們從外觀上很難區分原趨勢和新趨勢的分界，因此難以及時察覺頭部的到來。

單獨看圖1-9和圖1-11的總趨勢波形，會覺得趨勢運行不平順，但是在

圖1-13 理想趨勢演變模型的連續演變過程

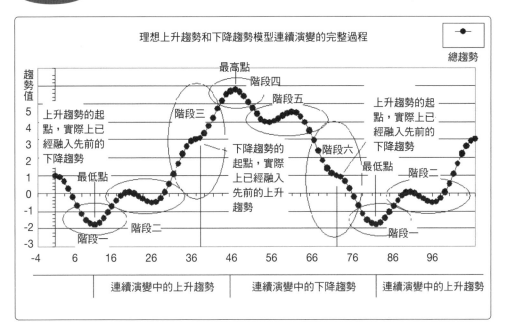

圖1-13中將兩圖連接起來，觀察完整的趨勢連續演變時，反而會發現兩圖相對來說處於平衡狀態。在圖1-9和圖1-11中，總趨勢最初的「反動作」正是為了將前一輪趨勢延伸到極端狀態，再孕育出新的一輪趨勢。

階段1：底部或頭部

前面提過，我們無法明確得知底部到來。底部形態的形成過程如下：

第一步，之前已經出現漫長、大幅、快速的顯著下跌。

第二步，價格忽然不再按照過去的下跌步調持續下跌，而是停在最低位附近波動，無法確定此時只是休整，或是正在醞釀底部的過程。在第一步的快速下跌階段，很少出現大幅度波動，現在卻發生較大幅度的向上反彈，但最終又跌回低位。

第三步，隨著時間推移，雖然還是有向上反彈，但波動幅度越來越窄，

成交量越來越清淡。底部的完成通常不是在朝夕之間，時間會拉得比較長，過程如綿綿陰雨沒有絕期，似乎看不到盡頭。

第四步，待時機成熟時，價格忽然向上崛起，且伴隨成交量放大。價格越升高，成交量越放大，最終出現決定性的向上突破訊號——典型的情況是價格向上突破底部形態的頸線，於是底部形態大功告成。

同樣地，我們無法明確得知頭部的到來。頭部形態的形成過程如下：

第一步，之前已經出現漫長、大幅、快速的明顯上漲。

第二步，在先前的快速上升階段，波動較少、幅度也小，現在卻突然大幅下挫。

第三步，價格大幅下挫後又立即拉升，但是成交量減少，拉升後不一定能繼續創新高，或是雖然創新高但不能守住新高。

第四步，再次大幅下挫，同時成交量放大。

第五步，出現決定性的向下突破訊號——典型的情況是價格向下突破頭部形態的頸線，通常會伴隨較大的成交量，但這一點並非必要。

第六步，向下突破後經常發生回升現象，再次向上試探頭部形態的頸線，但是成交量較小。

典型的頭部震盪幅度大、持續時間短，向下突破時無須配合成交量。

階段2：中途

向上突破訊號表明底部完成，陽魚趨勢進入第二階段。在上述底部反轉的過程中，人們很難分辨究竟是前一輪陰魚趨勢的臨時修正，或是趨勢即將逆轉。然而，比較有經驗的投資者還是能把握陽魚趨勢的出現時機。一來是，之前的陰魚趨勢導致價格比較低，必有人早早見獵心喜、躍躍欲試；二來是，底部反轉形態提供較為可靠的證據，表明趨勢逆轉已成事實。這部分投資者會積極做多，在一定程度上推動市場繼續上漲。

可惜，趨勢的第二階段以「來回不定」為基本特徵。由於陽魚趨勢還不明顯，加上投資者對之前的陰魚趨勢記憶猶新，寧願見好就收、落袋為安。因此，雖然市場已經進入上升趨勢，但是未能累積較大漲幅，反而來回拉鋸，有時甚至回落到突破點的價格之下。

對於堅信市場已經進入陽魚趨勢的投資者來說，這個階段充滿挫折。他們知道做多是唯一正確的選擇，卻不能如願得到預期的收益，很多時候是在盈虧邊界來回搖擺，甚至會產生一定程度的浮動虧損。不僅如此，這個階段持續時間較長，波動次數較多，令投資者的耐心受到極大的挑戰。

那麼，在陽魚第二階段，當市場以較大幅度下挫之後，如何鑒別陽魚趨勢是中途夭折，或是依然有效呢？根據趨勢定義，陽魚第二階段的最低點必須明顯高於底部形態的最低點，符合高點、低點都越來越高的上升趨勢定義。換句話說，只要第二階段的低點不接近底部的低點，就能判定陽魚趨勢的第二階段成立，反之則有疑慮。

在股市裡，人們常常把這個階段稱為洗盤。正因為上述特點，投資者在這個階段的操作，往往是看對了、做對了，卻不能獲得有效的回報，反而由於缺乏耐心、無法承受浮動損失等原因，經常淺嘗輒止而斷送投資部位。

至於陰魚趨勢的第二階段，與陽魚的第二階段差別並不大，基本特徵都是來回不定，只是方向相反而已。

階段3：拉升

在陽魚趨勢的第三階段，市場不再來回搖擺，而是堅定地向上突破，加速上漲。過程中，不僅波動的次數越來越少，波動幅度也越來越小。

由於第二階段經歷了看得對、做得對卻掙不著錢的煎熬，在真正進入第三階段之際，投資者反而可能陷入某種麻痺狀態，覺得市場總是搖擺不定，沒什麼大不了，先觀望也無妨。然而，市場已經明顯上揚，現在真的是看得對、做得對就能賺到錢，但要做對卻不容易。

投資者要麼是麻痺了，要麼是對第二階段的低廉市價難以忘懷，要麼是稍一猶豫市價又大幅上升，讓人下不了手。總之，對於那些在第二階段早已看多做多的投資者來說，第三階段反倒是重大挑戰，難以出手。

如前所述，陽魚第三階段和後一輪陰魚的第一階段，在外形上是連接在一起的。到了陽魚第三階段的最末期，似乎是進場的高潮。然而，那些最初在底部悄悄搜集籌碼的資金，卻開始悄悄賣出，成為滿足廣大散戶需求的交易對手方，為散戶提供市場流動性。可惜，此時陽魚的第三階段已屆完成，

頭部形態正在孕育，新的陰魚趨勢即將呱呱墜地。

陰魚趨勢的第三階段與陽魚相似，只是方向相反。從投資者的情緒來說，陽魚的第三階段勢不可擋、轟轟烈烈，陰魚的第三階段則是普遍的壓抑和絕望。

各階段的交易策略

在第一個階段，如果投資者看不出哪個方向才正確，不敢出手，也就無法操作。拿陽魚趨勢的第一階段來說，雖然市場已經從劇烈下跌轉為大幅震盪，而且震盪力度越來越小，但是並沒有足夠線索能證明底部已經成形。

一方面，如果繼續持有空頭倉位，因為過去的好日子似乎已不復存，行情不能有效產生利潤，更糟的是市場流動性大幅下降，對交易不利；另一方面，如果覺得市場跌到盡頭，那也只是猜測，市場依然有可能再度下跌（見圖1-14）。

再拿陰魚的第一個階段來說，市場原本日復一日地上漲，突然間變成在高位大幅震盪，投資者很難分辨此時是頭部形態，或是比較劇烈的修正過程。如果繼續持有多頭倉位，浮動盈虧的變化往往相當大，令人心驚膽跳。

其實，在追隨趨勢的過程中，除非有證據顯示趨勢逆轉已成既定事實，否則不應該輕易放棄已有的多頭或空頭倉位。因此，投資者在第一階段寧可繼續持有符合原趨勢的倉位，也不能輕易放棄。當然，如果倉位過大、市場流動性過低，則必須減少持倉。

在第二階段又該如何應對呢？首先，當第一階段已經完成，確實出現向上或向下突破訊號，如果投資者仍持有符合原趨勢的倉位，必須果斷平倉了結。其次，此時有經驗的投資者可能看得出趨勢方向，卻未必是積極做多或做空的時候；比較好的策略是以小資金逐步投入，在操作過程中一定要耐心等待時機，按照趨勢方向，堅持逢低買進或逢高賣出的基本原則。

在第二階段，我們很可能進場卻沒撈到多少油水，雖無大虧，但消磨了耐心，喪失了對行情變化的敏感性與反應能力。可取的做法是，要麼耐心等待時機，步步為營地操作，要麼寧可不進場，也不要因為過早介入而喪失機警（見62頁圖1-15）。

圖1-14　美元指數月線圖（2002年3月～2018年7月）

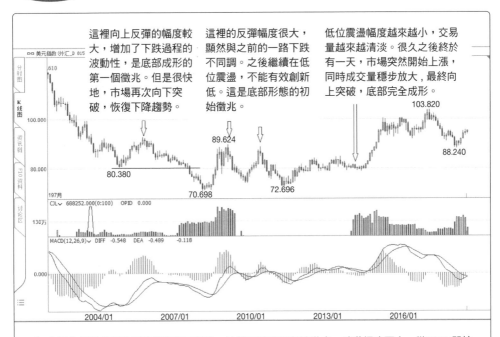

這裡向上反彈的幅度較大，增加了下跌過程的波動性，是底部成形的第一個徵兆。但是很快地，市場再次向下突破，恢復下降趨勢。

這裡的反彈幅度很大，顯然與之前的一路下跌不同調。之後繼續在低位震盪，不能有效創出新低。這是底部形態的初始徵兆。

低位震盪幅度越來越小，交易量越來越清淡。很久之後終於有一天，市場突然開始上漲，同時成交量穩步放大，最終向上突破，底部完全成形。

⬆ 本圖左側是典型的下降趨勢第三階段，快速下跌的過程波動少、波動幅度不大。從80.38開始的向上反彈，似乎波動增大，但很快又向下突破，恢復下降趨勢。從70.698開始的向上反彈力度更大，顯然和之前的快速下跌不同調；在下降趨勢第三階段，低位波動幅度顯著變大，是形成底部的初始徵兆。之後，市場繼續在低位震盪，但是未能創出新低；不僅如此，震盪的幅度越來越小，成交量越來越清淡，苦悶的底部似乎漫無盡頭。直到有一天，市場開始上升，同時成交量穩步放大，最終向上突破，底部完全成形。

　　值得說明的是，上升趨勢在第二階段依然有可能失敗，轉而展開下降趨勢；失敗的標誌是，波動過程中下跌的低點接近底部的低點。換言之，只要第二階段的低點明顯高於底部的低點，就符合上升趨勢的定義，第二階段維持有效，要做好迎接第三階段的準備。

　　第三個階段恰當的交易策略是追漲殺跌。在陽魚趨勢的第三階段，投資者一定要進場做多，果斷建立多頭倉位，這比精選操作時機來得重要。同理，在陰魚趨勢的第三階段，一定要進場做空，果斷建立空頭倉位。

　　可以將資金分成3部分投入：第一筆進場後，如果市場創新高或新低，

圖1-15　美元指數月線圖（2004年12月～2018年7月）

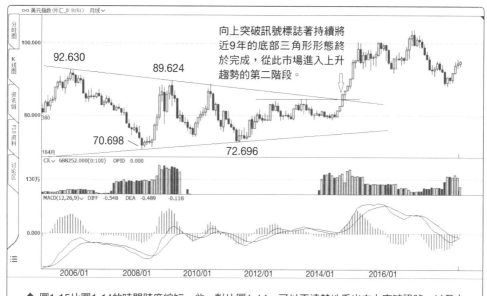

向上突破訊號標誌著持續將近9年的底部三角形形態終於完成，從此市場進入上升趨勢的第二階段。

↑ 圖1-15比圖1-14的時間跨度縮短一些，對比圖1-14，可以更清楚地看出向上突破訊號，以及上升趨勢第二階段的特點。在第二階段，市場已經比底部稍高，基本方向也是向上，但是整體來看上下起伏不定，有時甚至出現比較大幅的下跌。投資者在這個階段很容易做錯，因此必須耐心再耐心，以小額逢低買進，步步為營地積累多頭倉位。寧可不做，也不能操之過急。

再跟進投入第二筆；之後，如果市場繼續創新高或新低，再跟進第三筆，投入全數資金。總之，只要市場創新高或新低，就要進場建立第一筆倉位，以免因為下不了手，錯失參與行情的機會。

建立倉位後，通常應該穩定持有，因為第三階段波動少、波動幅度小，較難進行買低賣高的波段操作。

1-6 【實例講解】4 個標的的趨勢演變，帶來投資方法的啟示

趨勢 3 階段的實例講解

圖1-16～圖1-19列舉若干具備典型三階段特徵的趨勢演變實例。

圖1-16　LmeS_ 鋅日線圖（2017年12月22日～2018年7月30日）

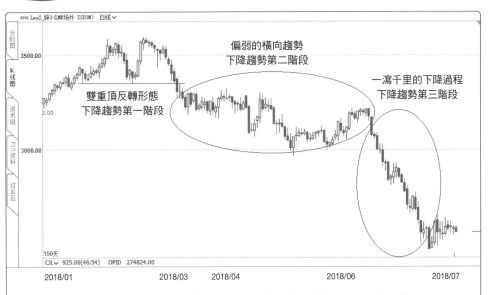

⬆ LmeS_ 鋅的下跌過程呈現出典型的趨勢演變三階段。第一階段為雙重頂反轉形態，波動幅度偏大。第二階段表現為稍微向下傾斜的橫向趨勢，持續時間較長。第三階段急速下挫，速度快、幅度大，過程中的波動少且波動幅度小。

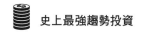

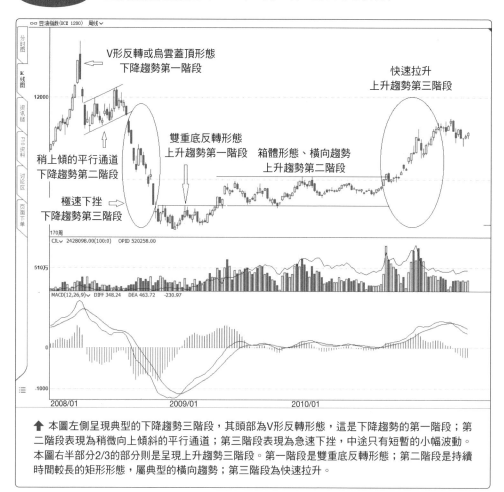

圖1-17 豆油指數週線圖（2007年12月14日～2011年4月1日）

⬆ 本圖左側呈現典型的下降趨勢三階段，其頭部為V形反轉形態，這是下降趨勢的第一階段；第二階段表現為稍微向上傾斜的平行通道；第三階段表現為急速下挫，中途只有短暫的小幅波動。本圖右半部分2/3的部分則是呈現上升趨勢三階段。第一階段是雙重底反轉形態；第二階段是持續時間較長的矩形形態，屬典型的橫向趨勢；第三階段為快速拉升。

理想趨勢演變模型給我們的啟示

世上萬物都有生命週期的基本特徵，從發生、發展壯大到衰竭消亡，無不包含3個階段。理想趨勢演變模型展示市場趨勢的生命週期，每個階段各有鮮明特徵，並按照既定順序前後相繼。此模型也呈現趨勢演變的基本步調與規律性，並帶出以下關於投資方法的啟示。

圖1-18　CRB指數月線圖（2008年1月〜2018年8月10日）

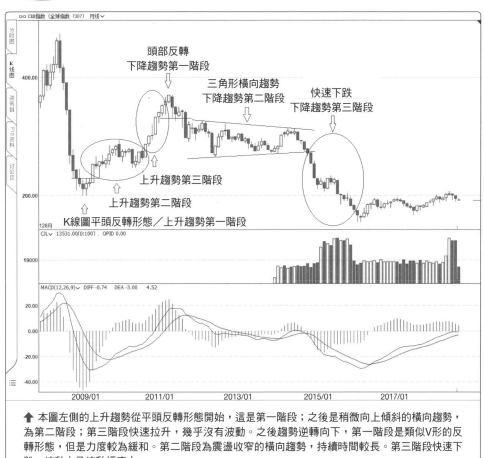

⬆ 本圖左側的上升趨勢從平頭反轉形態開始，這是第一階段；之後是稍微向上傾斜的橫向趨勢，為第二階段；第三階段快速拉升，幾乎沒有波動。之後趨勢逆轉向下，第一階段是類似V形的反轉形態，但是力度較為緩和。第二階段為震盪收窄的橫向趨勢，持續時間較長。第三階段快速下跌，波動少且波動幅度小。

　　首先，分析趨勢的第一要務是判斷趨勢方向。但是，當我們按照理想趨勢演變模型來觀察行情演變，就不再只是順著大方向亦步亦趨，而是可以識別趨勢階段、評估趨勢進程，從而及時判斷行情的走向。

　　其次，市場技術分析工具在適當的趨勢階段才能有效發揮作用。舉例來說，趨勢分析工具（如：突破訊號）顯然更適合第三階段；非趨勢性分析工具（如：擺動指數）更適合第二階段。

圖1-19 橡膠指數週線圖（2015年4月17日～2017年10月13日）

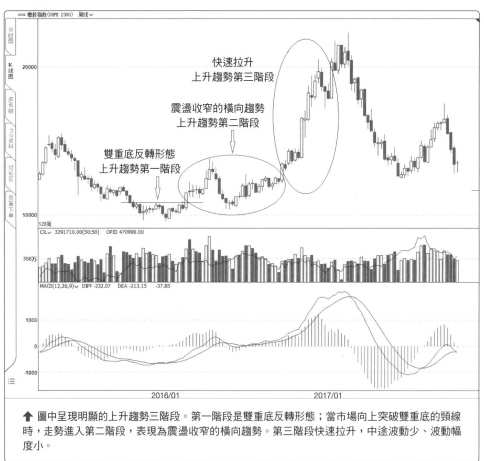

↑ 圖中呈現明顯的上升趨勢三階段。第一階段是雙重底反轉形態；當市場向上突破雙重底的頸線時，走勢進入第二階段，表現為震盪收窄的橫向趨勢。第三階段快速拉升，中途波動少、波動幅度小。

　　再次，在不同的趨勢階段應採取相應的交易策略，以避免看對做錯的遭遇。這一點前文已經詳細解說。

　　最後，按照理想趨勢演變模型，行情演變形成一個首尾一貫的整體，是一齣完整的劇情，而非一段一段支離破碎的軌跡。在理想趨勢演變模型的幫助下，我們不再單獨看待某個價格、某條趨勢線、某個形態，也不再單獨運用某項技術分析工具，而是認識到它們具備前後相繼的邏輯，共同完成一個完整行情。這有助於我們深化對市場趨勢的理解，減少困惑。

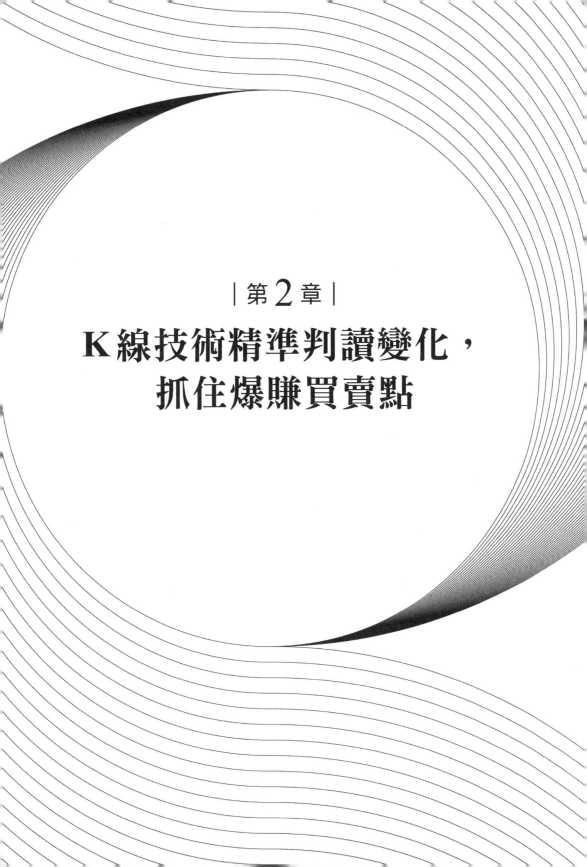

| 第 2 章 |

K線技術精準判讀變化，
抓住爆賺買賣點

2-1 觀察分時圖和K線圖，全面掌握價格、成交量的變化

市場分析始終是以事實為基礎，而最可靠的事實是行情，包括價格、成交量等，能即時反映交易現場的事實狀況。然而，現代交易所透過電腦自動撮合，早已不是過去那種人頭攢動、紛擾喧囂的場面，我們該如何直接觀察交易現場的事實狀況呢？

透過圖形技術，例如：分時圖、K線圖等，可以將行情資訊重新塑造成具體可見的交易現場，這就像高傳真音響器材，能夠最大限度地還原現場演出效果，不增一分、不減一毫。

分時圖

當日交易最常用的圖形技術是分時圖，它將每一小時的成交價和成交量，按照時間順序繪製成圖形[1]。其中，成交價連成一條折線，成交量則是按小時繪製成長條圖，通常顯示在價格折線的下方。

分時圖展現了行情變化最細節的層面。雖然大多數投資者不做當日交易，但在實際買賣時，仍然免不了借助分時圖，細緻地尋求最合適的交易時機（見圖2-1a）。

K線圖

既然分時圖包含最多細節，那麼把每天的分時圖依時間順序連接起來，多日分時圖豈不是既能呈現細節，又能包含足夠長的時間跨度？例如圖2-1b

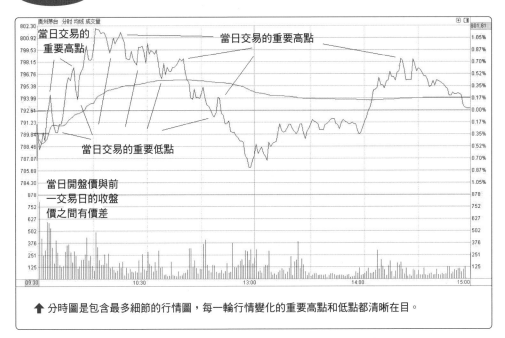

圖2-1a　　貴州茅台分時圖（2019年3月20日）

當日交易的
重要高點

當日交易的重要高點

當日交易的重要低點

當日開盤價與前
一交易日的收盤
價之間有價差

↑ 分時圖是包含最多細節的行情圖，每一輪行情變化的重要高點和低點都清晰在目。

（見70頁）把20個交易日的分時圖拼接起來。

　　一方面，這張圖讓我們一覽更長的時間跨度，能看出20個交易日的行情在整體上呈現溫和上漲，3月20日的行情處在次高位置，與3月4日的歷史高點大體相當。但是另一方面，這張圖的行情曲線擠成一團，無法顯示高點（低點）形成的過程、市場向上（向下）波動的細節等等。

　　因此，人們發明一種方法，將分時圖以小時為單位切分成時段（見71頁圖2-1c），規定每個時段最初的成交價為「開盤價」（只有當天最初時段的

〔1〕嚴格地說，分時不是將每一筆成交價按時間順序連接起來，以上海證券交易所為例，分時圖上的每個點都是每3秒「打包」一次的價格和成交量。原因在於，3秒內可能達成很多筆成交，其價格不一、數量不等，若全部列舉將過於瑣碎。

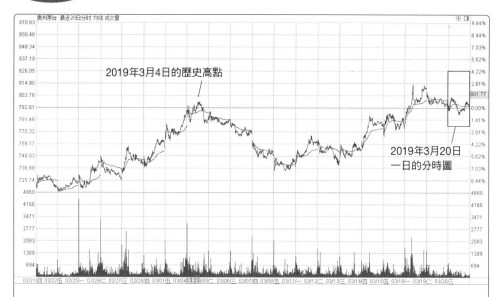

圖2-1b 貴州茅台20個交易日的分時圖（2019年2月21日～2019年3月20日）

2019年3月4日的歷史高點

2019年3月20日
一日的分時圖

↑ 圖2-1a的2019年3月20日分時圖，是在本圖最右側方框的一小段。這張圖可以揭示當日行情的大致輪廓，卻無法清楚看到行情演變過程中的重要高低點。

開盤價，是真正意義上的開盤價），最後的成交價為「收盤價」（只有當天最後時段的收盤價，是真正意義上的收盤價），以及其最高價、最低價，一共4個價格，另外再加上本時段累計的成交量。

用一根圖線來表示上述的4個價格，就形成常見的K線（又稱蠟燭線，見圖2-1d）。

開盤價和收盤價代表每個時段的主要價格運動，用長方形直條表示，是K線的實體部分。若開盤價低於收盤價（價格上漲），直條留白不填色，稱為陽線。若開盤價高於收盤價（價格下跌），直條填滿顏色，稱為陰線。

最高價和最低價標記每個時段內的極端價格。在K線實體上方用一條垂直線段，代表最高價到K線實體之間的距離，稱為上影線。在K線實體下方用一條垂直線段，代表最低價到K線實體之間的距離，稱為下影線。

我們可以按照任意時間單位來切分圖2-1c，比如1分鐘、5分鐘、15分

圖2-1c　貴州茅台分時圖（2019年3月20日）

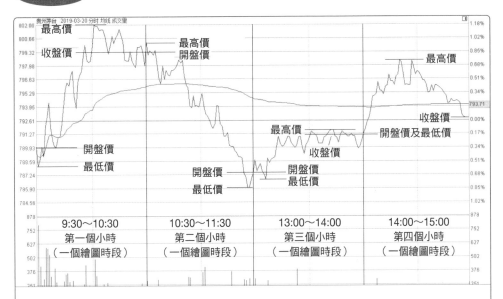

↑ 將分時線圖按時段分成4部份，每部分都由5項資料構成，包括：開盤價（時段最初的成交價）、最高價、最低價、收盤價（時段最後的成交價）、該時段累計成交量。

圖2-1d　K線的繪製方法

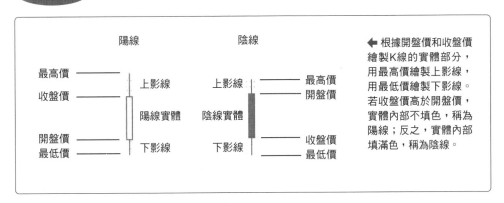

← 根據開盤價和收盤價繪製K線的實體部分，用最高價繪製上影線，用最低價繪製下影線。若收盤價高於開盤價，實體內部不填色，稱為陽線；反之，實體內部填滿色，稱為陰線。

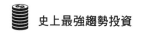

圖2-1e 貴州茅台60分鐘線圖（2019年2月13日～2019年3月20日）

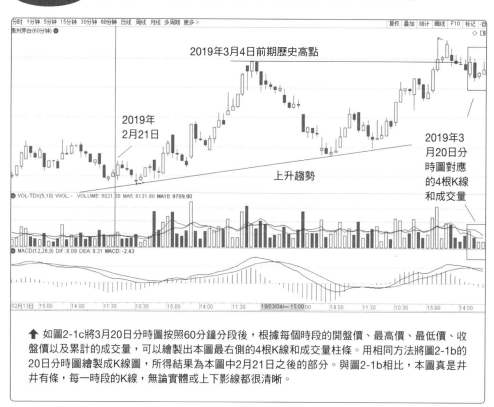

⬆ 如圖2-1c將3月20日分時圖按照60分鐘分段後，根據每個時段的開盤價、最高價、最低價、收盤價以及累計的成交量，可以繪製出本圖最右側的4根K線和成交量柱條。用相同方法將圖2-1b的20日分時圖繪製成K線圖，所得結果為本圖中2月21日之後的部分。與圖2-1b相比，本圖真是井井有條，每一時段的K線，無論實體或上下影線都很清晰。

鐘、30分鐘、60分鐘等，相應繪製出的K線圖就稱為1分鐘線圖、5分鐘線圖、15分鐘線圖、30分鐘線圖、60分鐘線圖（見圖2-1e）。還可以按照日、週、月、季、年的時間單位來整合行情資料，相應繪製出的K線圖就稱為日線圖（見圖2-1f）、週線圖（見74頁圖2-1g）、月線圖（見75頁圖2-1h）、季線圖、年線圖。

在日線圖中，每根K線呈現當日的開盤價、最高價、最低價、收盤價，線圖下方的柱狀長條表示當日成交量。在週線圖中，每根K線呈現當週第一個交易日的開盤價、當週最高價、當週最低價、當週最後一個交易日的收盤價，線圖下方的柱狀長條表示當週累計的成交量。其他時間單位的K線圖依

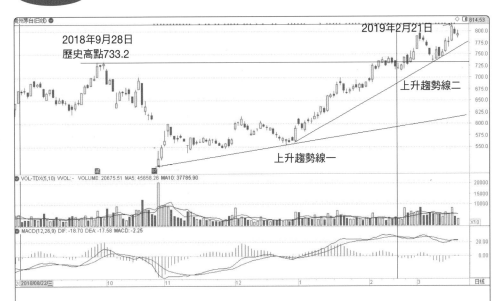

圖2-1f　貴州茅台日線圖（2018年8月20日～2019年3月20日）

⬆ 本圖的時間跨度為7個月，大體相當於圖2-1e時間跨度的4倍（一根日K線由4根60分鐘K線組成）。圖2-1b的20日分時圖，占本圖最後1/7的部分（從2019年2月21日標記處起）；圖2-1c的一日分時圖，只占最後一根K線的部分。從分時圖到60分鐘線圖，再到日線圖，我們看到K線圖化繁為簡的功能。在本圖中，兩條上升趨勢線的斜率逐步變陡，顯示上升趨勢正在加速；此外，行情已經超越2018年9月28日的歷史最高點，並維持在其上方。

此類推。

　　分時圖、60分鐘線圖、日線圖、週線圖、月線圖是最常用的幾種時間單位。其中，週線圖和月線圖通常按照日曆週期來計算，也可以特別設定每週從週二（或其他日子）開始、每月從第二個星期開始等等。

　　每日分時圖揭示了交易所發布的所有行情資料，是繪製各種圖表的基礎。按照一定的時間單位分割每日分時圖，或者把若干日的分時圖組合起來，捨棄每時段內的行情軌跡，凸顯主要行情變化（實體），也就是比較開始與結束時的行情，保留每時段內的高點與低點（影線）。藉由這些設定，K線圖能夠抓住行情重點。

圖2-1g 貴州茅台週線圖（2016年6月24日～2019年3月20日）

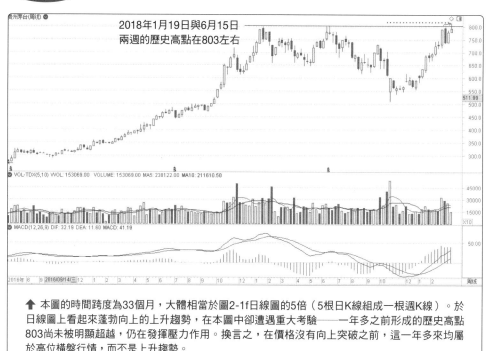

2018年1月19日與6月15日
兩週的歷史高點在803左右

↑ 本圖的時間跨度為33個月，大體相當於圖2-1f日線圖的5倍（5根日K線組成一根週K線）。於日線圖上看起來蓬勃向上的上升趨勢，在本圖中卻遭遇重大考驗——一年多之前形成的歷史高點803尚未被明顯超越，仍在發揮壓力作用。換言之，在價格沒有向上突破之前，這一年多來均屬於高位橫盤行情，而不是上升趨勢。

　　從分時圖、60分鐘線圖、日線圖、週線圖、月線圖依次看去，彷彿攝影鏡頭逐步拉遠，可以從局部細節看到整體全貌。在進行市場技術分析時，必須既見森林又見樹木，360度地全方位觀察市場，才能掌握超長期、長期、中期、近期行情趨勢的情況。

　　一般的做法是，先看月線圖，觀察超長期趨勢和超長期歷史高低點；再看週線圖，以超長期趨勢為背景，觀察長期趨勢的現狀；再看日線圖，它能具體展現長期趨勢（6個月以上）、中期趨勢（3個月以上）和短期趨勢（1個月左右）的交叉發展，是最普遍使用的圖表工具。最後，真正要執行交易時，或是在行情變化較關鍵的日子，再進一步觀察60分鐘線圖和分時圖。

　　短線交易者應當把注意力集中在60分鐘線圖、分時圖上，但依然必須了解上述整體背景。

圖2-1h　貴州茅台月線圖（2007年8月～2019年3月20日）

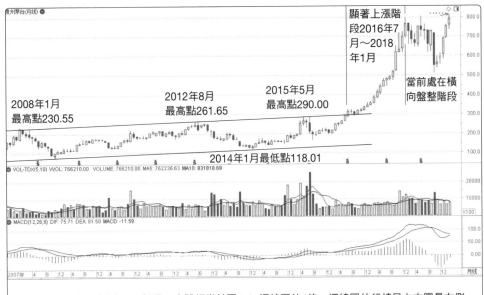

➜ 本圖的時間跨度為104個月，大體相當於圖2-1g週線圖的4倍。週線圖的行情只占本圖最右側的1/4，前3/4的行情呈現緩慢向上的走勢，持續8年之久。2016年7月之後，市場進入快速拉升階段，持續到2018年1月，然後進入橫向盤整行情。

2-2 單根K線會透露即時行情資訊，有不同的形態與意義

分析市場的過程，實質上就是簡化行情資訊，凸顯核心重點的過程。K線圖用鮮活的圖形展示行情，具有重要的簡化功能，幫助我們看出行情的核心重點，也就是趨勢方向。

基於K線的趨勢定義

在圖2-2a中，上方的線圖代表連續行情，將連續行情劃分為兩個時段，每個時段用一根K線來繪製，就能得到下方的兩根K線。上升趨勢的定義為依次上升的兩根K線（第三章將進一步討論趨勢的定義）。將前一個時段的最高點和最低點設定為比較基準，當後一個時段的高點和低點，皆高於前一個時段的高點和低點，就構成上升趨勢。

下降趨勢的定義為依次下降的兩根K線。以前一個時段的最高點和最低點為比較基準，當後一個時段的高點和低點，皆低於前一個時段的高點和低點，就構成下降趨勢，如圖2-2b所示。

橫向趨勢的定義是：後一根K線的高低區間維持在前一根K線的高低區間範圍內。以前一個時段的最高點和最低點為比較基準，當後一個高點低於前一個高點，且後一個低點高於前一個低點，就構成橫向趨勢，如圖2-2c（見78頁）所示。

圖2-2a　借助K線圖認識上升趨勢的定義

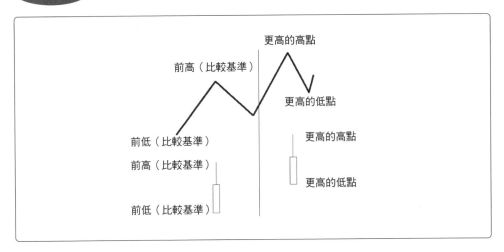

圖2-2b　借助K線圖認識下降趨勢的定義

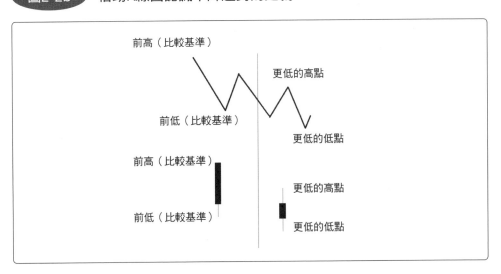

理解單根K線

單根K線是指當前行情所處的K線，它會隨著當前行情變化不斷改變形態，透露的資訊就是即時行情資訊。

臨近收盤時，是應用單根K線進行技術分析的關鍵時刻，因為當前行情變化的大局已定，K線改變形狀的可能性大幅減少；也是正因如此，收盤前的交易往往十分活躍。

單根K線是K線技術分析的基礎。由於K線的陰線和陽線由實體決定，因此在解讀K線的意義時，應以實體為主，以上下影線為輔（見表2-1和80頁圖2-3a）。

除了圖2-3a羅列的典型K線，還有其他說法。舉例來說，沒有上影線的K線稱為光頭K線；沒有下影線的K線成為光腳K線。紡錘線（短實體K線）若是十字形，即開盤價與收盤價完全一致，則稱為十字紡錘線。

在圖2-3b（見81頁）中，K線1是一根長陽線，當日行情向上推動，成交量較大，顯得生氣勃勃。K線2是一根長陰線，當日行情被大幅壓低。單獨出

圖2-2c 借助K線圖認識橫向趨勢的定義

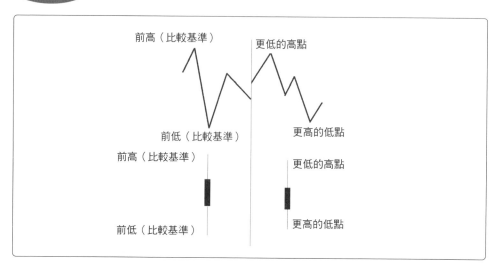

表2-1　**單根K線的形態分類和意義**

K線類型	名稱	市場狀態	典型的技術分析意義
長實體 （長度至少 為常規實體 的1.5倍）	長陽線	強力推升	正面訊號：突破重要壓力位時，表示擺脫較長時間的橫向盤整，恢復上升趨勢 警告訊號：在上升趨勢的第三階段連續出現長陽線時，可能隨即形成頭部反轉
	長陰線	強烈打壓	突破重要支撐位時，表示擺脫較長時間的橫向盤整，恢復下降趨勢
常規實體	陽線	正常上漲	絕大多數時候，行情是由常規實體和短實體組成
	陰線	正常下跌	
短實體 （長度不足 常規實體的 一半）	短陽線、短陰線	激烈爭奪；猶豫不決或休整	正面訊號：買賣雙方勢均力敵，進入拉鋸狀態；市場進入猶豫或休整狀態，此時為陽線或陰線無關宏旨 警告訊號：若市場以一連串短陽線的方式緩慢上漲，很可能是行情下跌的前兆
	十字線	開盤價和收盤價幾乎一致的特殊情形	
長影線 （長度不短 於常規實 體）	長上影線	上攻，被打退	上升趨勢過快，需要調整節奏
	長下影線	下探，被收復	下降趨勢過快，需要調整節奏
長影線與短實體結合	長上影線、短實體	上攻，被打退，上升趨勢沒有多大進展	市場激烈爭奪，但雙方都無法取得優勢。通常很快就會決出勝負，可能恢復原有趨勢，或是趨勢逆轉進入反向趨勢。有時最終勝負不明，市場進入橫盤狀態
	長下影線、短實體	下探，被收復，下降趨勢沒有多大進展	
	雙長影線	既有長上影線，也有長下影線，來回激烈拉鋸後幾乎重回起點	

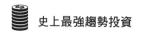

圖2-3a　典型K線的分類

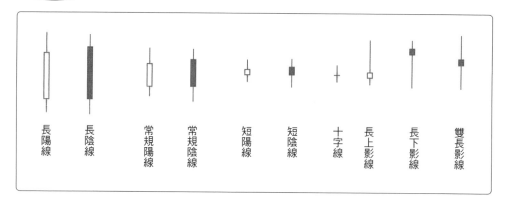

現的長陽線或長陰線通常具有重要影響力，能左右後面數根K線的走勢。

　　K線3是短實體陽線，表示行情停頓（短實體的陰陽性質並不重要）。K線4是常規陽線，K線5為常規陰線。常規K線通常與短實體K線交替出現，展現行情一張一弛的演變節奏。

　　K線6是帶有長下影線的十字線，行情先大幅下跌，再被打回起點。K線7是帶有長上影線的小實體，行情停頓。長影線可能是行情轉折的前兆。最後，K線8是短實體陰線。

　　常規實體的K線最多見，行情主要由它們推動發展。下一節關於基本K線組合的研究，一般是以常規實體為主，長實體和短實體則是特例。

圖2-3b　上證指數日線圖（2018年11月8日～2019年2月13日）

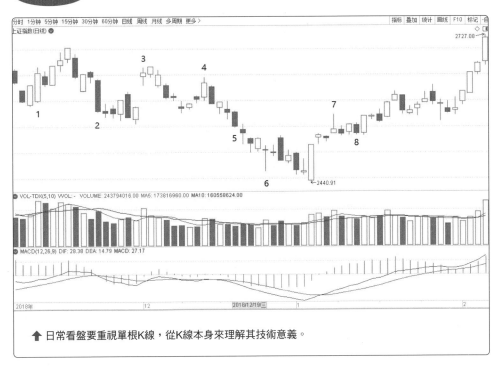

↑ 日常看盤要重視單根K線，從K線本身來理解其技術意義。

2-3 由不同週期的K線組合，預知趨勢是上升、下降或反轉

基本趨勢方向與趨勢持續發展

如前文的趨勢定義所述，只需要觀察相鄰的兩根K線，以前一根K線的高低點為比較基準，就能判斷趨勢類型。

圖2-4a中，左側3種K線組合都符合上升趨勢的定義，而且上漲的力度一個比一個強。第一種，基本的上升形態是比較兩根相鄰的K線，後者的高點和低點分別高於前者的高點和低點。

第二種，帶開盤價差的上升形態，除了符合基本上升形態的要求，第二根K線的實體也高於第一根K線的實體，即第二根的開盤價高於前一根的收盤價，兩者之間有一個向上的缺口。不過，第二根K線的下影線與前一根的上影線有重疊，不符合西方技術分析中的「價格跳空」定義。

第三種，帶跳空的上升形態除了符合基本上升形態的要求，第二根K線的下影線與第一根的上影線沒有重疊，符合西方技術分析的「向上價格跳空」定義。

圖2-4a右側3種K線組合與上升形態的道理相同，方向相反，都符合下降趨勢的定義。

值得注意的是，圖2-4a上升形態的兩根K線都是陽線，但實際上，兩根K線的實體可以是陰陽線組合，甚至都是陰線也無不可。同理，下降形態的兩根K線可以是陰陽線組合，甚至都是陽線也無不可。

在圖2-4b中，K線1為常規陰線，K線2為短實體，兩者依次下降，符合基本下降形態。K線5和K線6都是常規陰線，兩者依次下降，K線6的上影線

圖2-4a　基本的K線組合

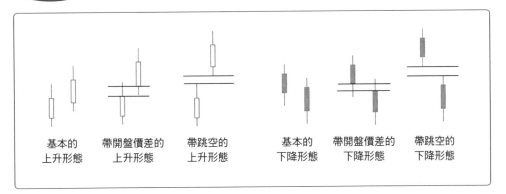

基本的　　　帶開盤價差的　　帶跳空的　　　　基本的　　　帶開盤價差的　　帶跳空的
上升形態　　　上升形態　　　上升形態　　　　下降形態　　　下降形態　　　下降形態

圖2-4b　創業板50日線圖（2018年4月26日～2018年9月26日）

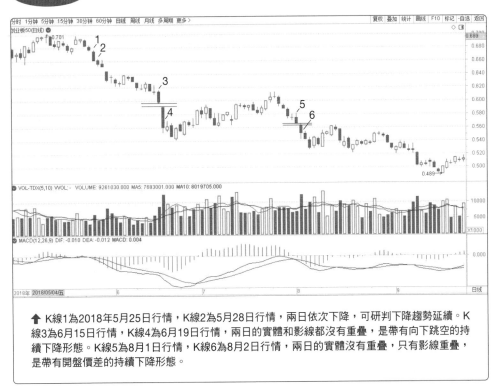

↑ K線1為2018年5月25日行情，K線2為5月28日行情，兩日依次下降，可研判下降趨勢延續。K線3為6月15日行情，K線4為6月19日行情，兩日的實體和影線都沒有重疊，是帶有向下跳空的持續下降形態。K線5為8月1日行情，K線6為8月2日行情，兩日的實體沒有重疊，只有影線重疊，是帶有開盤價差的持續下降形態。

與K線5重疊，但兩者的實體之間有缺口，符合帶開盤價差的下降形態。K線3為常規陰線，K線4為長陰線，兩根K線依次下降，幾乎都沒有影線，且相互不重疊，符合帶跳空的下降形態。

比較這3組下降形態，K線1和K線2為基本組合，看跌的意義最弱；K線5和K線6帶有開盤價差，看跌意義稍強；K線3和K線4帶有向下跳空，看跌意義最強，再加上K線4是一根長陰線，進一步驗證了這點。

不同週期K線的組合應用

如前文所述，在日線圖上比較連續兩日的K線，可以判斷基本的上升形態或下降形態。當兩根K線依次下降，可以判斷第二日行情處於下降趨勢；再比較第三日和第二日的K線，如果第三日也是下降，則下降趨勢有了連續性，可以預期第四日繼續下降的機率變大。

由此可見，在行情持續的前提下，可以預期接下來的1～2根K線會順著當前趨勢發展。但是，一旦行情變化複雜起來，單憑上述要領來追蹤日到日的行情變化，可能很快就會迷失方向。例如在圖2-4b中，K線3、K線4與K線5、K線6之間稍微向上傾斜的盤整過程，就很難用兩根K線判斷後續趨勢發展。那麼，該如何處理這種情形呢？

透過搭配運用不同時間週期的K線圖，就能解決難題。先採用更長週期的K線圖來判斷基本趨勢，再採用當前週期的K線圖來追蹤市況。

舉例來說，如果我們追蹤的是日到日的行情，可以先根據兩根月K線組合來判斷基本趨勢，然後再到日線圖上觀察更準確的行情變化線索，尋找具體的進出場點。（5日組成一週，4週組成一月，等於是一根月K線包含了20根日K線的行情。）

同樣道理，如果我們追蹤的是當日行情，例如每15分鐘的行情變化，可以先根據兩根日K線組合判斷基本趨勢，再到15分鐘線圖上觀察更準確的行情變化，尋找具體的進出場時機。（4個15分鐘組成一小時，台灣股市4.5小時組成一個交易日，等於一根日K線大約包含18根15分鐘K線的行情。在外匯市場，每日交易時間為24小時，可以先從日線圖判斷基本趨勢，再以60分鐘線圖追蹤具體市況。）

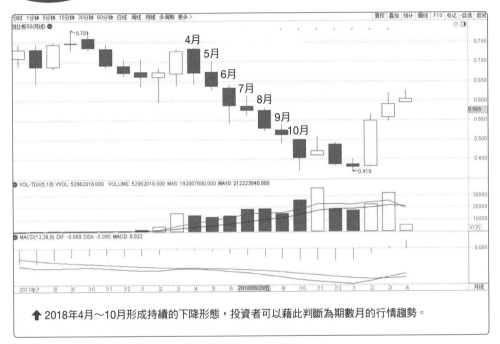

圖2-4c　創業板50月線圖（2017年6月～2019年4月8日）

↑ 2018年4月～10月形成持續的下降形態，投資者可以藉此判斷為期數月的行情趨勢。

　　請看圖2-4c。這張月線圖和圖2-3b展示同一段行情，其中K線1和K線2包含在5月內；K線3和K線4包含在6月內；K線5和K線6包含在8月內。

　　在圖中，5月K線相對於4月K線，呈現顯著下降，符合基本的下降形態。6月相對於5月，持續為下降形態；7月維持在6月的範圍以內，可以忽略（這是下文要介紹的橫向趨勢）；8月相對於6月，持續為下降形態。直到9月、10月都繼續維持下降形態。

　　在推斷趨勢方向時，4月和5月的K線依次向下，判斷為下降形態；6月開盤後馬上創新低，與5月相比也是下降形態，因此可以合理預期，接下來7月、8月的市況也是下降形態。

　　從這個例子可以看到，月線圖不但將日線圖的行情化繁為簡，還凸顯重點——持續數月的下降趨勢。在紛亂繁雜的日常行情變化中，這種簡化功能何其可貴！

前文提到，市場行情在大約3/4的時間裡面沒有明確方向，但是行情趨勢具有一定的連貫性，觀察代表趨勢連貫的K線組合（例如圖2-4c中，K線從4月～10月一氣呵成的連續演變），便是K線技術分析的重要目的。反過來說，當趨勢的連貫性被打破，則會出現K線的反轉形態，這待後文討論。

順便說一句，技術分析的目的不是預測市場，而是識別市場狀態。借助基本的K線組合識別市場趨勢後，因為趨勢本身具有連貫性，我們才有按照趨勢交易的機會。

一般來說，日、週、月線是最常用的時間單位，其中最值得推薦的是月線圖。一方面，月線圖可以提供第三視角的長期趨勢資訊。另一方面，連續2～3根月線上漲，便可能是持續數月的上升趨勢；連續2～3根月線下跌，便可能是持續數月的下降趨勢。這解決了我們最關心的趨勢判斷問題。

比較而言，日線圖相對繁雜，包含過多的曲折，有可能掩蓋或者干擾主要趨勢訊號。月線圖簡繁得當，大大簡化行情，卻不省略其中的高低點資訊，值得推薦。

趨勢停頓（橫向趨勢形態）

當一根K線後面，緊接著一根或數根K線，而且，後面這些K線的高點全部低於第一根K線的高點，低點全部高於第一根K線的低點，按照趨勢定義，這些K線共同組成橫向趨勢。

另一種情況是，後面這些K線的實體高點，全部低於第一根K線的實體高點，低點全部高於第一根K線的實體低點，這些K線組合成加強版的橫向趨勢（見圖2-5a）。

在這些組合中，第一根K線通常是常規K線或長實體K線，後面跟隨的K線通常是短實體K線。不過，第一根之後的K線不包含趨勢資訊，實際上可以忽略。

橫向趨勢具有持續性，代表行情進入停頓狀態，所以往往是由第一根界定範圍的K線，和數根範圍之內的K線所組成。儘管如此，我們只需要前後相繼的兩根K線符合橫向趨勢定義，就能判斷行情進入停頓狀態。以日線圖為例，只需要兩個交易日就可以做出判斷，這顯然是十分敏感的技術訊號。

圖2-5a	加強版的橫向趨勢

 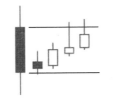

後面的K線，包括影線，都
維持在第一根K線的範圍內

後面的K線實體，都維持在
第一根K線的實體範圍內

← 第一根K線界定範圍，
之後的一根或多根K線維
持在第一根K線的範圍之
內，形成橫向趨勢。在解
讀趨勢方向時，第一根
之後的K線不包含趨勢資
訊，可以忽略。

　　圖2-5b（見88頁）與圖2-4c一模一樣，不過這裡的觀察重點是2018年10
月、11月、12月、2019年1月這4根K線的行情演變。

　　第一根K線是2018年10月，其高低點界定了範圍；從第二根K線開始，
市場便進入橫向趨勢，並延續到次年1月。由於後面的3根K線龜縮在第一根
K線之內，沒有新高新低，也就沒有新的趨勢資訊，直到2019年2月，市場向
上突破第一根K線的高點。將2019年2月與2018年10月的K線相比，符合基本
上升形態。

　　在這個橫向趨勢中，以2018年10月K線的高低點為比較基準，橫向形態
內部的2018年11月、12月、2019年1月可以忽略，或者併入2018年10月的K
線。

　　再看另一個例子，圖2-5c為日線圖。2019年2月25日是一根長陽線，其
高低點界定之後一個多月內所有K線的波動範圍。其間，3月4日的長上影線
一度向上突破2月25日的高點，但是收盤價重新回落到界定的範圍之內。

　　一般來說，K線組合分析只涉及相鄰的數根，圖2-5c從2月25日到4月1日
的K線形成較長的行情軌跡，但其中的技術分析原則是一樣的，就是以歷史
高低點為比較基準，這段時間的行情沒有創出新高或新低，因此形成橫向趨
勢。

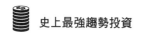

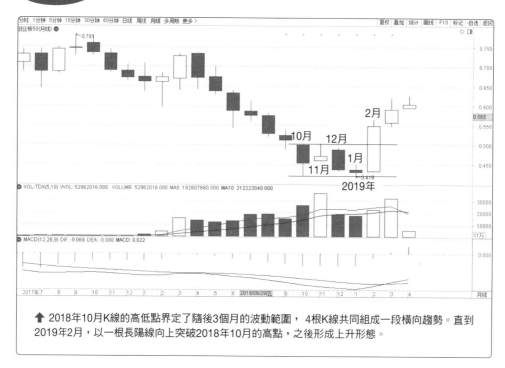

圖2-5b 創業板50月線圖（2017年6月～2019年4月8日）

↑ 2018年10月K線的高低點界定了隨後3個月的波動範圍，4根K線共同組成一段橫向趨勢。直到2019年2月，以一根長陽線向上突破2018年10月的高點，之後形成上升形態。

稍微向上或稍微向下傾斜的橫向趨勢

市場技術分析試圖描述的是統計現象，它不是一幅精細的工筆畫，而是描繪輪廓的素描畫。我們所指的上升趨勢或下降趨勢，是肉眼可見的明顯行情變化，不是隱隱約約或借助放大鏡才能發現的行情變化。

有時候，「精確」來說市場在上升或下降，但是幅度相當不明顯，所創的新高或新低沒有說服力，於是，我們寧可視之為稍微向上或稍微向下傾斜的橫向趨勢，而不將之總括為上升趨勢或下降趨勢。

有趣的是，向上傾斜的橫向趨勢，最終往往向下突破；向下傾斜的橫向趨勢，最終常常向上突破（見90頁圖2-6）。

上證50 ETF日線圖（2019年1月17日～2019年4月9日）

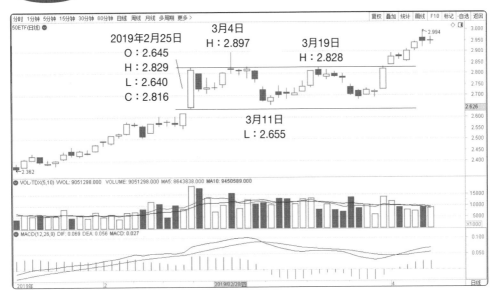

趨勢逆轉（反轉形態）

　　判斷行情從上升趨勢轉為下降趨勢，需要3根K線。其中，K線1和K線2構成上升趨勢，K線2和K線3構成下降趨勢（見90頁圖2-7a）。這是向下反轉的基本形態。在反轉過程中，如果K線2為短實體，意味著在上升趨勢形成之後，市場猶豫不決，進一步加強反轉訊號。

　　如果K線2不僅是短實體，還有長的上影線，這表示市場原已按照預期上漲，卻不幸被打退回落，是更強烈的反轉訊號。

　　如果K線2一開始向上跳空，最後卻以短實體作結，接著K線3又向下跳空，令K線2孤懸在外，這就構成最強的反轉訊號。

　　同樣道理，判斷下降趨勢轉為上升趨勢，僅需要3根K線。其中K線1和K線2構成下降趨勢，K線2和K線3構成上升趨勢（見91頁圖2-7b）。

　　以圖2-8（見91頁）為例，K線2的高低點分別低於K線1的高低點，符合下降趨勢的定義，而K線3的高低點分別高於K線2的高低點，符合上升趨勢的定義，這3根K線組合成向上反轉形態。

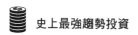

圖2-6　美元兌日元日線圖（2019年2月21日～2019年7月12日）

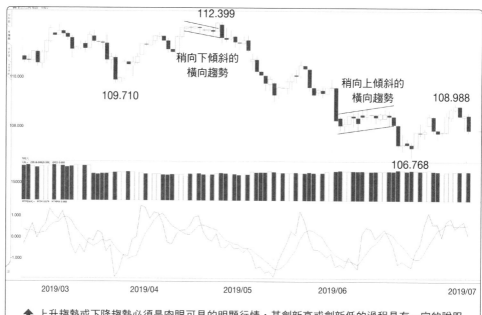

↑ 上升趨勢或下降趨勢必須是肉眼可見的明顯行情，其創新高或創新低的過程具有一定的說服力。向上傾斜或向下傾斜的橫向趨勢，其行情就精確定義來說是上升或下降的，但是極不明顯，不具有說服力。

圖2-7a　向下反轉的基本K線組合

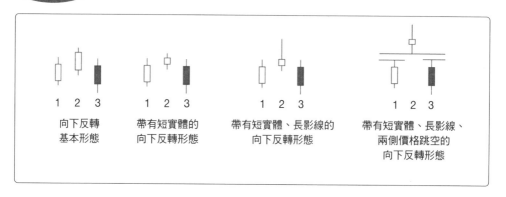

圖2-7b　向上反轉的基本K線組合

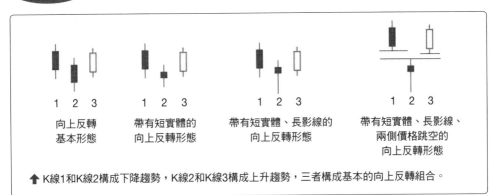

1 2 3	1 2 3	1 2 3	1 2 3
向上反轉 基本形態	帶有短實體的 向上反轉形態	帶有短實體、長影線的 向上反轉形態	帶有短實體、長影線、 兩側價格跳空的 向上反轉形態

⬆ K線1和K線2構成下降趨勢，K線2和K線3構成上升趨勢，三者構成基本的向上反轉組合。

圖2-8　中小板ETF日線圖（2017年8月18日～2017年11月7日）

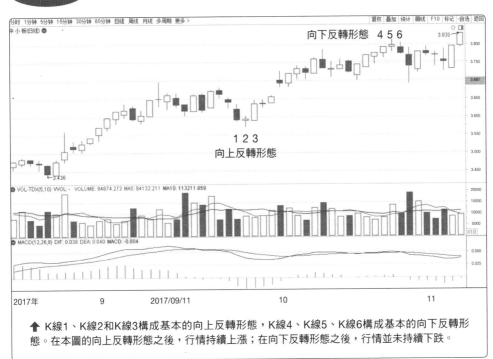

⬆ K線1、K線2和K線3構成基本的向上反轉形態，K線4、K線5、K線6構成基本的向下反轉形態。在本圖的向上反轉形態之後，行情持續上漲；在向下反轉形態之後，行情並未持續下跌。

同理，K線5的高低點分別高於K線4的高低點，符合上升趨勢的定義，而K線6的高低點分別低於K線5的高低點，符合下降趨勢的定義，這3根K線組合成向下反轉形態。

圖2-5b也是趨勢逆轉的例子，屬於特殊情形。如前文所述，2018年10月～12月和2019年1月的4根K線，組成一段不帶趨勢資訊的橫向趨勢，可以忽略或合併看待。因此，我們可以將2018年9月、2018年10月、2019年2月這3根K線組合，看作向上反轉形態。

單根K線透露的資訊

以上討論並未針對每根K線的具體特點多做著墨，這裡要稍作補充。在趨勢反轉之前，K線1代表原有趨勢的力度。如果是一根長陽線，表示原有的上升趨勢力度強勁；如果是一根長陰線，表示原有的下降趨勢力度強勁。

在此前提下，如果K線2是小實體、流星線、上吊線，甚至是十字線，雖然從趨勢定義來說，K線1和K線2依然構成基本的上升趨勢或下降趨勢，但是K線2表現出的猶豫和遲疑，與K線1的氣勢洶洶形成鮮明對比，因而襯托出K線2的重要性。

在趨勢反轉之後，K線3的實體長短代表新趨勢的發展力度。K線3的實體越長，則新趨勢的力度越強勁，趨勢反轉成立的機率越大。

綜合上面所述，除了圖2-7a和圖2-8列出的形態之外，還有其他各種變化，例如：K線1或K線3是長實體；K線1或K線3由數根依次上升或下降的常規K線組成；一根長K線分拆為兩根；K線之間存在跳空或缺口等等。詳細情形參見史蒂夫‧尼森的《日本蠟燭圖技術》。

2-4 【找買點】辨別初始、驗證等 4個訊號，逢低準確布局

　　粗略地按照時間順序，在上升趨勢中會出現的典型買進訊號，包括了初始買進訊號、驗證買進訊號、跟進買進訊號，以及橫盤的逢低買進訊號或反轉停損訊號。

初始買進訊號

　　在K線圖的表現上，初始買進訊號可以是指圖2-4a的上升形態，也可以是指在圖2-7b的向上反轉形態中，K線3向上突破K線2高點時。兩種情況本質上是一致的，第二種情況是第一種情況的擴展（見圖2-9a）。

　　初始買進訊號的含義是：當第二根K線向上突破（即發出突破訊號），

圖2-9a　　上升形態下的初始買進訊號

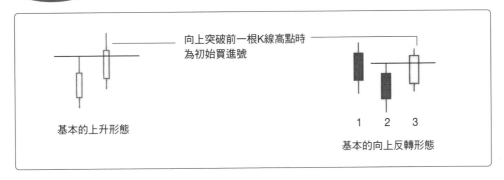

向上突破前一根K線高點時為初始買進號

基本的上升形態

1　2　3
基本的向上反轉形態

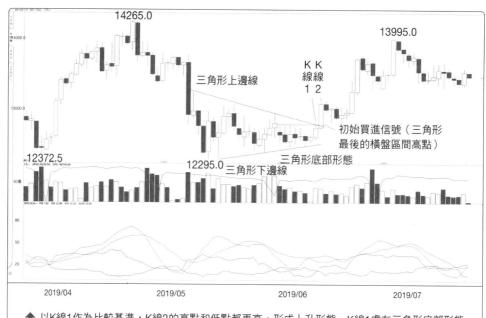

圖2-9b A50指數期貨日線圖（2019年3月21日～7月19日）

⬆ 以K線1作為比較基準，K線2的高點和低點都更高，形成上升形態。K線1處在三角形底部形態內部，原本沒有明顯趨勢，因此K線1和K線2形成的上升形態屬於初始買進訊號。幸運的是，K線1的高點代表三角形最後的高點，K線2突破K線1的同時，也突破橫向波動區間和三角形底部形態。這兩方面都是重要的驗證訊號，因此這個初始買進訊號是可靠的。

我們才初次意識到上升趨勢可能已形成，在此之前則不存在明顯的上升趨勢。實際的情況要麼是市場從較長時間的橫向趨勢向上突破，不然就是市場從下降趨勢反轉向上。

初始買進訊號的主要功能是示警，一般不可能用來交易。如果投資交易者對市場相當有信心，也必須等到收盤時，在突破訊號依然成立的前提下才能買進。換言之，必須等到收盤，發出突破訊號的這根K線才成最終定局。

然而，如圖2-9a所示的突破訊號大多發生在盤中，此時K線還可能發生各種變化。如果等到收盤再買進，相當於以收盤價來驗證初始買進訊號，而不是依據初始買進訊號交易。

另外，K線圖的訊號較為敏感，為了保守起見，通常需要在初始買進訊

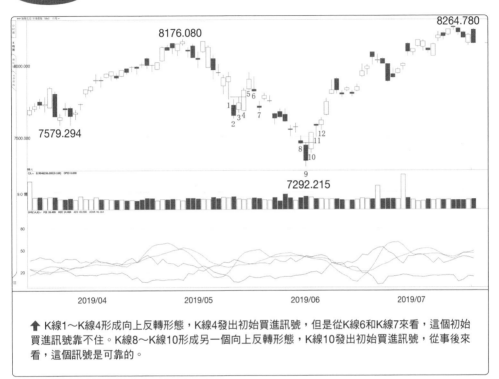

圖2-9c　納斯達克綜合指數日線圖（2019年3月15日～7月19日）

⬆ K線1～K線4形成向上反轉形態，K線4發出初始買進訊號，但是從K線6和K線7來看，這個初始買進訊號靠不住。K線8～K線10形成另一個向上反轉形態，K線10發出初始買進訊號，從事後來看，這個訊號是可靠的。

號之外，搭配其他訊號做驗證。舉例來說，需要透過西方技術分析法中的價格水平線、百分比回調線、趨勢線等工具的驗證，或者符合更大規模的趨勢方向，才能實際採用。

　　我們看一個實例。圖2-9b中K線1構成比較基準，K線2明顯向上突破，發出初始買進訊號。這個初始買進訊號得到兩方面的有力驗證。首先，它向上突破橫盤區間的高點。其次，這個橫盤區間是更大規模的三角形底部形態的最後階段，此時的初始買進訊號不僅向上突破橫盤區間，也向上突破三角形底部形態的上邊線。

　　再看到圖2-9c，這裡提供兩個初始買進訊號的案例，都是出現在向上反轉形態中，但是第一個例子失敗，第二個例子成功。這張圖的背景大趨勢向上，可見，若沒有其他驗證訊號的輔助，實在不容易把握初始買進訊號。

驗證買進訊號

驗證訊號是在趨勢形成後，進一步表示趨勢持續發展的訊號。換句話說，即使尚未發生驗證買進訊號，也可以判斷當前行情正處於上升趨勢中。驗證買進訊號可以分為兩方面：K線圖提供的驗證買進訊號（見圖2-10a），以及西方技術分析工具提供的驗證買進訊號。

在圖2-10a中，接近收盤時，如果K線形態不變，則收盤價驗證向上突破的初始買進訊號。為了穩妥起見，K線技術一般是以收盤價為準，盤中的行情變化不算數。

K線的驗證買進訊號一般至少由3根K線組成，K線1和K線2依次上升，表明上升趨勢已經形成，K線3的低點高於K線2的低點，當它向上突破K線2的高點時，即構成上升趨勢的驗證買進訊號。

與初始買進訊號相比，驗證買進訊號的前提是上升趨勢已經形成，並且正在持續發展。因此，驗證買進訊號不一定要等到收盤時才算數，關鍵是要確認當前的上升趨勢成立。

實際上，如果更長時間跨度的K線依次上升（即更大的趨勢方向向上），那麼在更短時間跨度的K線上，只需要用2根K線做判斷——以第一根為基準，第二根向上突破便是驗證買進訊號。

來看一個實例。在圖2-10b中，K線1和K線2顯示上升趨勢已形成，K線2的收盤價超越之前橫盤區間的高點，進一步確認上升趨勢。K線3的開盤價向上突破K線2的高點，構成驗證買進訊號。

接著，市場再次進入橫向盤整，直到K線4和K線5顯示上升趨勢恢復，並且K線5的收盤價超越之前橫盤區間的高點，進一步確認上升趨勢。K線6的開盤價略低於K線5的高點，不久便向上突破，構成驗證買進訊號。事實上，從更長期的趨勢維持向上來看，K線5的收盤價不僅可以解讀為上升趨勢恢復，也可以解讀為驗證買進訊號。

圖2-10a 上升形態下的驗證買進訊號

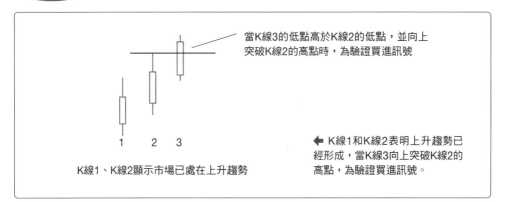

當K線3的低點高於K線2的低點，並向上
突破K線2的高點時，為驗證買進訊號

K線1、K線2顯示市場已處在上升趨勢

◀ K線1和K線2表明上升趨勢已
經形成，當K線3向上突破K線2的
高點，為驗證買進訊號。

圖2-10b CMX金E指日線圖（2019年4月2日～7月19日）

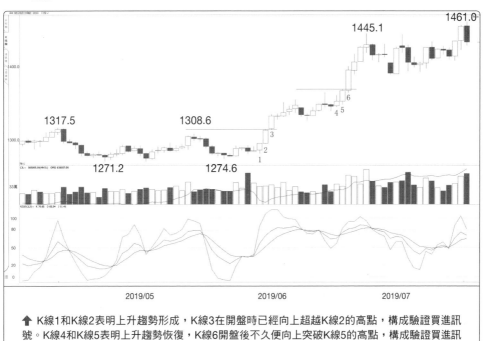

↑ K線1和K線2表明上升趨勢形成，K線3在開盤時已經向上超越K線2的高點，構成驗證買進訊
號。K線4和K線5表明上升趨勢恢復，K線6開盤後不久便向上突破K線5的高點，構成驗證買進訊
號。

圖2-11a　　上升形態下的跟進買進訊號

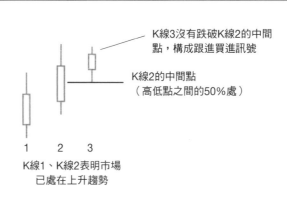

K線3沒有跌破K線2的中間
點，構成跟進買進訊號

K線2的中間點
（高低點之間的50%處）

1　　2　　3
K線1、K線2表明市場
已處在上升趨勢

↑ 上升形態下的跟進買進訊號，也稱為回調買進訊號。由於50%回調最常見，可用來尋找合適的
買進點。換言之，在上升趨勢已經形成的前提下，如果當前行情回到前一根K線的50%位置（即
最高至最低範圍的中間點），而且沒有跌破該位置，則構成跟進買進訊號。

（50%回調時）跟進買進訊號

驗證買進訊號雖然進一步確認上升趨勢，但是有追漲的意味，容易買在相對高價。於是，在上升趨勢成形並持續發展的前提下，如果市場發生正常的回調，投資者可以跟進買進（見圖2-11a）。

跟進買進訊號由3根K線組成，K線1和K線2確立上升趨勢，K線3在開盤後不久向下回調，達到K線2的中間點附近，相當於50%回調位置，而且沒有繼續向下突破，此時構成跟進買進訊號（第三章將進一步討論百分比回調的概念）。

如果K線3向下回調後，再向上突破K線2的高點，同樣也構成驗證買進訊號。這種情況先抑後揚，節奏感強，趨勢的可持續性更明顯。由此可見，驗證買進訊號和跟進買進訊號的先後順序，不一定總是前者先、後者後，也有可能相反過來，而且後面這種情況對投資者更是有利。

如果投資者出於種種原因，未能在50%回調處買進，那麼當市場再次向

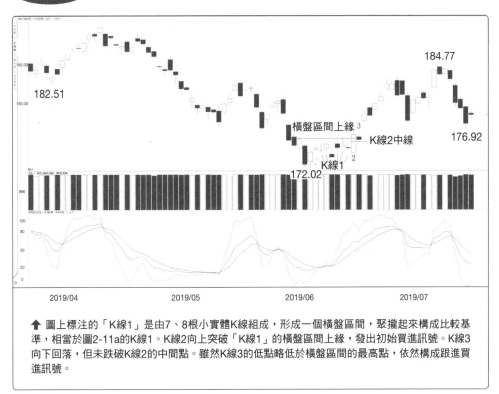

圖2-11b　CRB指數日線圖（2019年3月22日～7月19日）

↑ 圖上標注的「K線1」是由7、8根小實體K線組成，形成一個橫盤區間，聚攏起來構成比較基準，相當於圖2-11a的K線1。K線2向上突破「K線1」的橫盤區間上緣，發出初始買進訊號。K線3向下回落，但未跌破K線2的中間點。雖然K線3的低點略低於橫盤區間的最高點，依然構成跟進買進訊號。

上突破K線2的高點時，必須果斷買進，作為必要的補救措施。請注意，這是一條基本的操作規則。

　　圖2-11b的K線3是跟進買進訊號的實例。值得注意的是，在本例中，K線1不是一根K線，而是7、8根小實體K線組成的橫盤區間。K線2向上突破這個橫盤區間的上緣，形成上升趨勢。之後，K線3向下回落到K線2的中點，沒有進一步下挫，構成跟進買進訊號。

（跌破50%回調位置後）橫盤逢低買進訊號

　　在跟進買進訊號當中，由於市場守住前一根K線的中間點（50%回調位

圖2-12a　上升形態下的橫盤逢低買進訊號

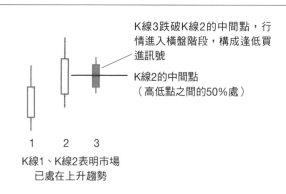

K線3跌破K線2的中間點，行情進入橫盤階段，構成逢低買進訊號

K線2的中間點
（高低點之間的50%處）

1　　2　　3

K線1、K線2表明市場
已處在上升趨勢

⬆ 如果行情回到前一根K線的50%位置（即其最高至最低範圍的中間點），而且繼續下跌，很可能說明市場已經進入橫向延伸的過程，將在橫盤區間波動一段時間，才能向上突破，恢復上升趨勢。這裡所謂的逢低買進，不是要在向下突破時立即買進，而是利用市場回落的機會，慢慢擇機買進。

置），投資者可以預期趨勢很快就會恢復向上，此時買進動作應該積極、果斷，不可拖泥帶水。那麼，如果市場不能守住前一根K線的中間點呢？

逢低買進訊號由3根K線組成，K線1和K線2確立上升趨勢，K線3向下突破K線2的中間點，顯示市場很可能已經進入橫盤階段，需要一段時間才能向上突破，恢復上升趨勢。此時投資者不必急於買進，可以從容地利用市場回落的機會，選擇在K線2的低點附近買進（見圖2-12a）。

市場進入橫盤階段後，通常會在K線2的範圍內上下波動，留下一群小實體K線。雖然無法確定橫盤階段將持續多久，在大多數情況下，最終會恢復原有的上升趨勢，形成向上突破。橫盤階段並不一定是嚴格的水平矩形形態，也可以是稍微向下或稍微向上傾斜的形態。

要注意的是，驗證買進訊號和逢低買進訊號成立的前提條件，都是K線3不能確實跌破K線2的低點。所謂確實跌破，一是指收盤價跌破，二是指跌破的幅度較明顯。

如果K線3確實向下跌破K線2的低點，如圖2-12b所示，這一訊號有兩種

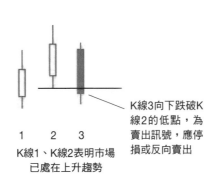

圖2-12b　上升形態下的停損或初始賣出訊號

K線3向下跌破K線2的低點，為賣出訊號，應停損或反向賣出

1　2　3
K線1、K線2表明市場已處在上升趨勢

↑ 如果K線3明顯向下跌破K線2的低點，而且收盤價驗證向下突破訊號，則無論是在行情回落到K線2中間點時採取的跟進買進，或是在市場跌破K線2中點之後採取的逢低買進，都需要賣出停損。事實上，本圖的3根K線組合也是趨勢從上升轉為下降的初始賣出訊號。

用途。

　　一種用途是作為停損訊號。在此情況下，根據趨勢定義，行情已經從上升轉為下降，跟進買進訊號和逢低買進訊號都不再成立。若投資者在上述兩個訊號出現時已經交易，現在必須果斷地賣出停損。

　　另一種用途是作為初始賣出訊號，因為反向的下降趨勢已經形成，隨之而來將是一連串的賣出訊號，這部分內容將在下一節簡要討論。

再論K線分析的長短期組合

　　以上介紹的K線基礎買進訊號，往往只由2～3根K線組成，顯得十分簡明，但是在圖2-12c（見102頁）的日線圖中，K線3～K線9共有7根之多，而且行情起伏不定，顯得十分淩亂。可見得，K線圖提供很多細節，遠比上文介紹的K線基礎買進訊號還要複雜，很容易令市場參與者迷失趨勢方向。

　　那麼，基礎買進訊號的區區2～3根K線，只是紙上談兵嗎？其實，在實

圖2-12c 富時100指數日線圖（2019年3月1日～7月26日）

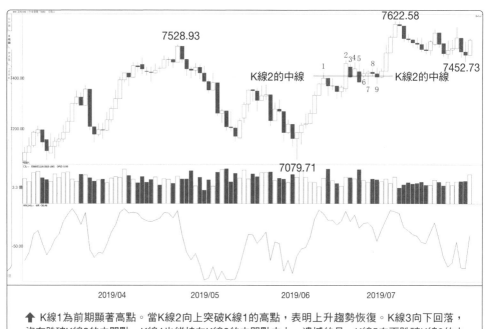

↑ K線1為前期顯著高點。當K線2向上突破K線1的高點，表明上升趨勢恢復。K線3向下回落，沒有跌破K線2的中間點，K線4也維持在K線2的中間點之上。遺憾的是，K線5向下跌破K線2的中點，表明市場進入橫盤階段。投資者可以在市場回落到K線2的低點附近時，逢低買進。倘若市場明顯跌破K線2的低點，就應當停損。

際操作上，投資者應選擇不同時間單位的K線圖搭配使用。在下面這個案例中，週線圖為日線圖的凌亂行情指出方向。

　　圖2-12d為富時100指數週線圖，圖中標出兩根週K線，第一根的日期是2019年6月17日～21日，包含日K線3至日K線5；第二根的日期是2019年6月24日～28日，包含日K線6至日K線9。

　　如此一來，日K線3至日K線9包含在兩根週K線裡面，而且第二根週K線維持在第一根的中間點之上，兩者在週線圖上構成明顯的驗證買進訊號，表示上升趨勢維持不變。

　　由此可見，長週期K線圖更為簡明，更適用於趨勢分析。尤其在繁雜的行情變化中，觀察長週期K線，往往能幫助我們看穿迷霧、抓住方向。另一

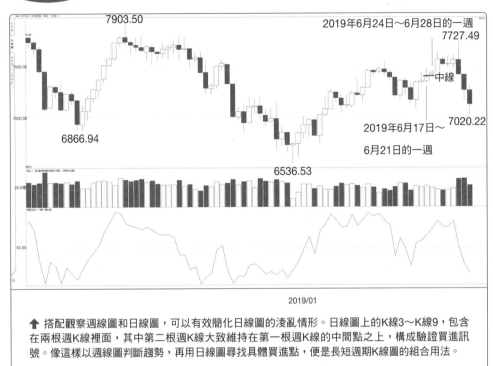

圖2-12d　富時100指數週線圖（2018年1月19日～2019年8月16日）

7903.50

2019年6月24日～6月28日的一週
7727.49

—中線

6866.94

2019年6月17日～
6月21日的一週

7020.22

6536.53

2019/01

↑ 搭配觀察週線圖和日線圖，可以有效簡化日線圖的淩亂情形。日線圖上的K線3～K線9，包含在兩根週K線裡面，其中第二根週K線大致維持在第一根週K線的中間點之上，構成驗證買進訊號。像這樣以週線圖判斷趨勢，再用日線圖尋找具體買進點，便是長短週期K線圖的組合用法。

方面，短週期K線圖具有較豐富的細節，更適用於日常看盤、捕捉具體交易機會。用長週期K線圖辨明方向，用短週期K線圖實施交易，兩者結合，各得其宜。

2-5 【抓賣點】利用5個訊號，逢高獲利了結或及時停損

　　基礎賣出訊號可以分成4種，按照時間順序大致如下：初始賣出訊號、驗證賣出訊號、跟進賣出訊號、橫盤的逢高賣出訊號或反轉停損訊號。它們分別與上述的4種基礎買進訊號相對應，形態類似而方向相反。以下做簡要說明。

　　由於行情通常是下跌容易、上漲難，下跌的過程與上漲的過程並不是等量齊觀。因此，在判斷上漲訊號時，更要看重成交量的配合。

初始賣出訊號

　　在圖2-13a中，左圖由兩根依次下降的K線組成，符合下降趨勢的基本形態，當此形態首次出現時，構成初始賣出訊號。右圖由3根K線組成，K線1和K線2依次上升，確立上升趨勢；接著K線3向下突破K線2的低點，趨勢向下反轉，此時構成反轉停損或初始賣出訊號。

　　請注意，雖然在示意圖上，以突破K線1或K線2的低點作為初始賣出訊號，但我們應根據收盤價來確定這個突破訊號，特別是初始賣出訊號，更需要謹慎判斷。

驗證賣出訊號

　　在圖2-13b中，前兩根K線依次下降，符合下降趨勢；然後K線3順勢向下突破K線2的低點，構成驗證賣出訊號，表示下降趨勢將會持續。

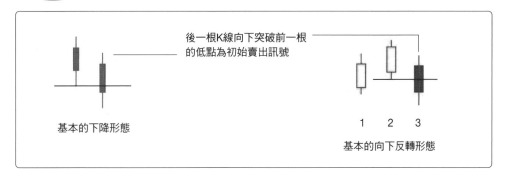

圖2-13a　下降形態下的初始賣出訊號

後一根K線向下突破前一根
的低點為初始賣出訊號

基本的下降形態

1　　2　　　3

基本的向下反轉形態

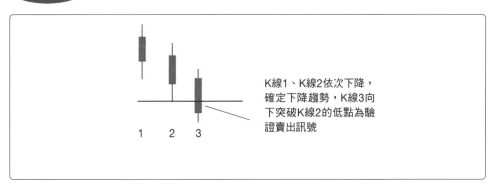

圖2-13b　下降形態下的驗證賣出訊號

K線1、K線2依次下降，
確定下降趨勢，K線3向
下突破K線2的低點為驗
證賣出訊號

1　　2　　3

　　由於市場已經處在明確的下降趨勢中，驗證突破訊號不一定要以收盤價為準，也可以採用盤中突破訊號。當然，採取收盤價更加穩妥。

跟進賣出訊號（50%回調時）

　　驗證賣出訊號的價格有時候會偏低，另一種選擇是利用經常發生的50%回調現象賣出。

　　如圖2-13c（見107頁）所示，K線1和K線2依次下降，符合下降趨勢的定義，表示下降趨勢正在持續。K線3沒有立即向下突破K線2的低點，而是

回升到K線2的中間點附近。這是50%回調的跟進賣出訊號，如果此時判斷市場不能繼續回升，便可以賣出。

　　50%回調的跟進賣出訊號大多發生在盤中，然而出於穩妥起見，也能以收盤價為準。

逢高賣出訊號（超越50%回調位置後）

　　如圖2-13d所示，行情回升到K線2的中間點之後，繼續向上升。這是回調超過50%的逢高賣出訊號，屬於比較少見的情況，若此時判斷市場不能明顯向上突破K線2的高點，便可以放慢賣出的節奏，等待市場回升到高點，再逢高賣出。

反轉停損訊號

　　跟進賣出訊號和逢高賣出訊號的成立前提，都是行情不能向上突破K線2的高點。如果發生向上突破的情形，趨勢很可能已經從下降轉為上升，投資者必須對原先的空頭倉位採取停損措施（見圖2-13e）。

開盤和收盤最重要

　　就K線圖而言，開盤價和收盤價的意義十分重要，兩者的相對高低位置決定K線實體的陰與陽。在同一張圖上，每根K線對應一個確切長度的時間段，在嚴格的時間框架下簡化連續行情。開盤價相當於本時段的最初價位，收盤價相當於本時段最後價位，兩者清楚展現出行情的漲跌。

　　此外，對於非24小時連續交易的行情來說，每日的開盤價都是經過一段冷靜期之後的新鮮價格，是休市期間投資者相對沉著的推敲結果。開盤價往往為全天行情定調，收盤價則是一天交易的收尾和總結，也是當日交易者脫離戰場的最後機會。因此，開盤和收盤的兩個時段通常成交量最大，凝聚的投資者情緒最濃厚（見108頁圖2-14）。

　　透過以上關於基礎買賣訊號的討論，我們可以得出K線技術的兩個鮮明

圖2-13c　下降形態下的跟進賣出訊號

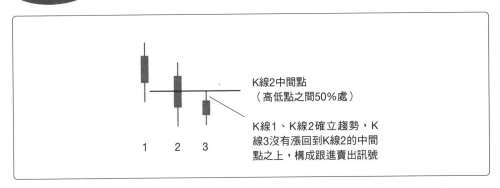

K線2中間點
（高低點之間50%處）

K線1、K線2確立趨勢，K
線3沒有漲回到K線2的中間
點之上，構成跟進賣出訊號

圖2-13d　下降形態下的橫盤逢高賣出訊號

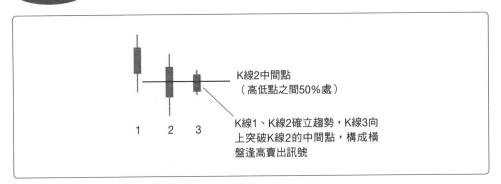

K線2中間點
（高低點之間50%處）

K線1、K線2確立趨勢，K線3向
上突破K線2的中間點，構成橫
盤逢高賣出訊號

圖2-13e　下降形態下的反轉停損或反向買進訊號

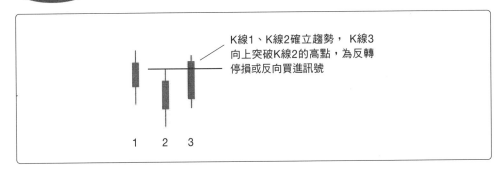

K線1、K線2確立趨勢，K線3
向上突破K線2的高點，為反轉
停損或反向買進訊號

圖2-14　上證指數三日分時圖（2019年8月22日～8月26日）

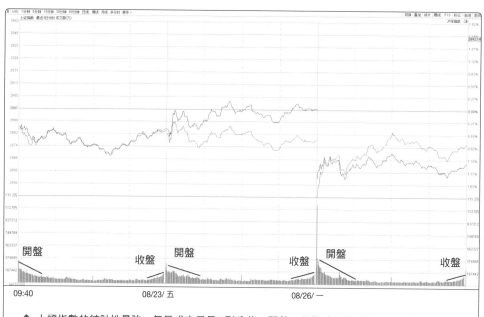

⬆ 上證指數的統計性最強，每日成交量呈U形分佈，開盤、收盤時段的成交量明顯高於中間時段，清楚展現開盤價和收盤價的重要性。

特徵。

1. 簡明性

　　K線清晰地揭示行情漲跌，是簡明的趨勢分析工具。

　　市場技術分析特別強調保持簡明的重要性，這包括工具簡明、方法簡明和結論簡明，也就是西方人常說的「KISS」原則（Keep it simple, stupid，意為「傻瓜，保持簡單！」）

　　工具簡明，可以清晰揭示市場狀況，儘量不干擾原始資訊。市場高度複雜，如果工具也複雜，便容易亂成一團，出了問題也很難釐清究竟是因為工具的不足，還是市場的複雜。

　　方法簡明，可以讓使用者更深刻地掌握方法，理解方法的優勢和劣勢，知道什麼情況下更適用，什麼情況下不太適用。

結論簡明，有利於在紛繁複雜、變化莫測的市場環境下，得到具體行動的指引，構成基本的行為模式，並遵從基本的交易紀律。

2. 點線並重

K線分析力圖從時間的最小單位來研究趨勢，進而發揮高敏感的技術性能，既注重趨勢的連續演變，也注重反轉點分析。

比較東西方技術分析方法，可以看到東方側重捕捉關鍵反轉點，西方側重趨勢運行的總體分析。然而，K線圖不是只捕捉點而忽略線，月線圖上的反轉點，在日線圖上就變成持續數月的行情演變。因此，K線技術既包含趨勢運行分析，也包含反轉點分析。

由此可見，投資者不能誤以為K線圖只是短線分析的工具，而忽略長線分析。選取長週期的K線圖，便是長線趨勢分析；選取短週期的K線圖，便是短線趨勢分析。

區區幾根K線讓趨勢分析變得簡明，每每為我們提供撥開迷霧的重要功效。

> **小結**
>
> 　　本章從趨勢定義出發，介紹基本的趨勢形態和買賣訊號，這些知識是市場技術分析的基礎。K線形態分析提供了具體的交易訊號，尤其是初始訊號和驗證訊號等重要技巧。史蒂夫・尼森的《日本蠟燭圖技術》一書簡明地講解K線技術，又著重介紹將K線技術與西方技術分析工具互相結合運用的方法，可作為進一步學習的資料。

| 第 3 章 |

活用趨勢分析的 3 大技巧，捕捉反轉行情

3-1 技術分析不是水晶球，要依照規則與市場狀態做交易

　　圖3-1a的左側先是急漲，達到最高點5178（2015年5月）；再急跌，達到最低點2638（2016年初）；然後在圖中段，從2638點緩慢上漲到接近3600點（2018年初）；之後在圖右側快速下跌（2018年2月～7月）。我們該如何理解2018年的行情變化？這意味著熊市再次來臨嗎？

　　圖3-1b（見114頁）畫出兩條水平線，框住2015年下半年之後的橫向趨勢，往後兩年多的行情都在這兩條線構成的「矩形」（或稱箱體）範圍內運行。到了圖右側最後的半年，可以看到行情從矩形的上邊界，急速下降到下邊界。2018年初的高點沒有觸及上方的水平線，顯示上攻力度不足，這輪行情向下的壓力偏大一些，但是僅就圖3-1b來看，我們無法判斷熊市是否再次來臨。

　　矩形形態持續的時間往往比較長，而且無法確定最終突破的方向。行情既有可能向上突破，也有可能向下突破，唯有確實在矩形的上下邊界（即兩條水平線處）發生突破訊號，未來的趨勢走向才有定局。

　　這兩條水平線有什麼神奇的魔力嗎？

　　其實它們十分尋常。簡單地說，圖3-1b從2015年下半年之後，行情走勢一直處在橫向趨勢中，這兩條水平線輔助投資者界定橫向趨勢的邊界。更重要的是，一旦走勢超越其中一某條水平線，就是突破訊號成立，投資者可以在第一時間察覺這個動向，立即採取行動。

　　此時，若走勢向上突破，形成上升趨勢，則投資者要做多。若走勢向下突破，形成下降趨勢，則投資者要做空。如此一來，市場技術分析是在預測未來行情嗎？並不是。

圖3-1a　2018年7月6日的上證指數週線圖

市場行情不可預測，即使出現突破訊號，也有可能發生出乎意料的變化。投資者要做的不是一次賭博，而是憑藉統計規律多次重複操作，將個別交易的不確定性轉化，再從多次交易中獲勝。

1995年8月，美國聯邦儲備銀行紐約分行發表一份題目為《頭肩形：並非噱頭》的報告，檢驗頭肩形態在外匯市場的有效性。引言部分寫道：

技術分析根據過去的價格運動來預測未來行情變化，本報告將要表明，雖然技術分析與絕大多數經濟學家的「有效市場」理論不相容，但

圖3-1b 2018年7月6日的上證指數週線圖

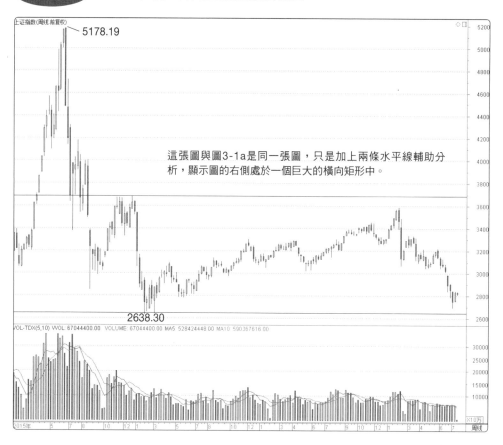

5178.19

這張圖與圖3-1a是同一張圖,只是加上兩條水平線輔助分析,顯示圖的右側處於一個巨大的橫向矩形中。

2638.30

VOL-TDX(5,10) VOL: 67044400.00 VOLUME: 67044400.00 MA5 528424448.00 MA10 590367616.00

圖3-2 市場技術分析的基本邏輯和應用過程

是根據技術分析交易能夠產生統計顯著的利潤。（C.L. 奧斯勒，P.H. 凱文・張. 工作人員報告第四期，美國聯邦儲備銀行紐約分行：1995年8月）

1997年秋，美國聯邦儲備銀行聖路易士分行的報告也探討技術分析，其中有一節的標題是「有效市場假定要三思」，內容寫道：

前一節顯示，技術分析交易規則是成功的，無獨有偶，近期很多研究都得出類似的結論。這些研究普遍認為，有效市場假定在某些重要方面均不能解釋外匯市場的實際運行。當然，市場從業人員對上述結論並不感到驚訝。這些研究有助於說服經濟學家重新審視市場……發現可能解釋技術分析獲利能力的市場特性。（摘自《金融市場技術分析》）

既然技術分析是統計現象，那麼投資者不能用精確的數據看待突破訊號，要保留彈性空間，而且必須長期堅持市場技術分析的原則，嚴守紀律，前後一致地重複交易，才能獲得統計規律帶來的回報。如此一來，雖然每次交易都是不確定的，但是前後一致匯總起來，就會有把握。

市場技術分析完全根據行情事實，它借助技術分析工具，標記和識別市場狀態，並按照技術分析的操作規則，針對不同市場狀態實行相應的交易策略。由此可知，投資交易不是賭博，而是一樁嚴肅的事業（見圖3-2）。

3-2 動手做「倒水實驗」，理解市場演變的過程和特性

市場狀態的分類及相應的交易策略

前兩章已經提過趨勢的定義，以及各階段相應的交易策略。在接著學習趨勢分析工具之前，不妨做一次統整複習。按照方向，市場狀態可以分為3種：上升趨勢、下降趨勢、橫向趨勢。

上升趨勢的定義是：市場行情走出更高的高點、更高的低點（見圖3-3a）。其意義在於，市場有能力向上拓展空間，而在回落時，至少能保留一部分上漲的成果。

下降趨勢的定義是：市場行情走出更低的低點、更低的高點（見圖3-3b）。其意義在於，市場有能力向下拓展空間，而在回升時，至少能保留一部分下跌的成果。

橫向趨勢的定義是：行情走勢既無明顯的新高，也無明顯的新低（見圖3-3c）。其意義在於，市場沒有能力打破現狀，只能在過去已開拓的價格空間內來回運行。

所謂更高、更低只是質化的描述。市場是由大多數人參與，並為大多數人服務，為了符合統計學的大數定律，更高、更低所描述的現象，應該是市場參與者明顯觀察得到的。

這裡要注意兩點。首先，相差的數額應該達到一定程度，假設相差0.5%以內，人們或許不覺得明顯有異，若是相差5%以上，就變得十分明顯。其次，當市場處在趨勢狀態，投資者對相對高低的動態變化可能更敏感；當市場處在非趨勢狀態，特別是持續時間較久時，投資者可能變得遲鈍、多疑，

圖3-3a　　上升趨勢定義的示意圖

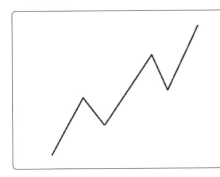

← 前一對高低點構成比較基準，後來
走出更高的高點和更高的低點，符合
上升趨勢的定義

圖3-3b　　下降趨勢的示意圖

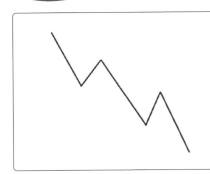

← 前一對高低點構成比較基準，後來
走出更低的高點和更低的低點，符合
下降趨勢的定義

圖3-3c　　橫向趨勢的示意圖

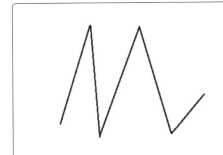

← 前一對高低點構成比較基準，後來
的高點沒有更高，低點也沒有更低，
大致都局限在比較基準的範圍內，符
合橫向趨勢的定義

不容易感覺到行情的高低差異。

趨勢狀態指的是上升趨勢或下降趨勢，根據第一章介紹的趨勢原理，兩者的市場行情和其背後驅動因素形成正相關循環，導致市場行情要麼越來越強，要麼越來越弱。

非趨勢狀態指的是橫向趨勢，換句話說，橫向趨勢實際上就是沒有趨勢。根據趨勢原理，橫向趨勢的市場行情與其背後驅動因素形成負相關循環，導致市場行情越來越局限在一定範圍內。

從理想趨勢演變模型來看，趨勢的運行並非平順向上或平順向下，而是具有階段性。

第一階段為頭部或底部，這是典型的非趨勢狀態，即橫向趨勢狀態。

第二階段要麼是橫向趨勢，要麼是稍微向上或稍微向下傾斜的盤整過程，其中上升趨勢的第二階段多為向下傾斜盤整，下降趨勢的第二階段多為向上傾斜盤整。

第三階段為快速拉升或快速下跌，過程中的波動次數少、波動幅度小，是典型的趨勢狀態。

實際上，理想趨勢演變模型不包括橫向趨勢，而是將橫向趨勢視為上升趨勢與下降趨勢互相轉化的過渡階段，因為追根究柢，決定投資盈虧的是上升和下降趨勢，而不是橫向趨勢。

我們將上述討論的內容歸納在表3-1中。綜合上面所述，市場演變表現為持久的趨勢狀態、趨勢逆轉、反向的持久趨勢狀態、趨勢逆轉……，如此不斷地循環交替。

市場的演變模式——倒水實驗

拿一瓶水，蹲在地上慢慢倒出。只見水在一個地方匯聚，由於表面張力，形成一個小水團。水團的邊界四處晃動，尋求向外突破。

突然間，水團破裂，水迅速流淌，留下一條水流。

流淌到某一處新地點，水再次匯聚，形成小水團。同時，水團的邊界四處晃動，再一次，又突然破裂……

就這樣，當一瓶水慢慢倒出，水不停地向前流淌，以形成水團、突破水

表3-1　市場狀態分類及相應的交易策略一覽表

	理論依據	名稱	簡述	交易策略
市場狀態分類	理想趨勢演變模型	第一階段	常常表現為橫向趨勢	持有原倉位，擇機平倉
		第二階段	有時為橫向趨勢，有時為與總趨勢方向稍相反的橫向趨勢	根據總趨勢方向，耐心地逢高賣出或逢低買進
		第三階段	快速拉升的上升趨勢或急遽下跌的下降趨勢	根據總趨勢方向，積極做多或做空
	趨勢定義	上升趨勢	上升趨勢的第二階段相對於第一階段，總體上呈現為上升態勢；但是第二階段本身可能並未呈現顯著的上升趨勢	多頭，耐心逢低買進、逐步積累
			上升趨勢的第三階段，表現為激烈的上漲	多頭，積極買進
		橫向趨勢	常見於上升趨勢和下降趨勢的第一階段	持有原倉位，擇機平倉
			常見於上升趨勢和下降趨勢的第二階段	根據總趨勢方向耐心地逢高賣出或逢低買進
		下降趨勢	下降趨勢的第二階段相對於第一階段，總體上呈現為下降態勢；但是第二階段本身可能並未呈現顯著的下降趨勢	空頭，耐心逢高賣出、逐步積累
			下降趨勢的第三階段，表現為激烈的下跌	空頭，積極做空

圖3-4　橡膠指數日線圖（2017年12月1日～2018年8月3日）

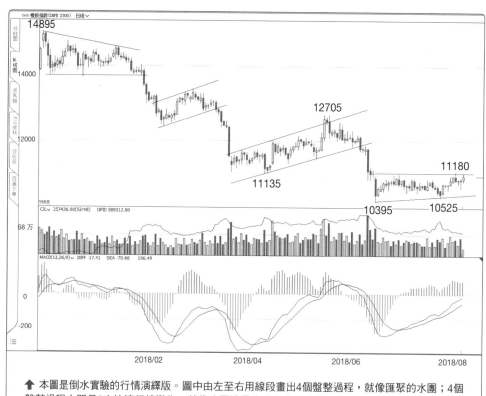

↑ 本圖是倒水實驗的行情演繹版。圖中由左至右用線段畫出4個盤整過程，就像匯聚的水團；4個盤整過程之間是3次快速行情變化，就像水團邊界突破之後的水流。由此可見，市場行情就是橫向盤整與快速漲跌的循環交替。

團邊界、形成水流的順序交替進行，最終在地上留下彎彎曲曲的水跡（見圖3-4）。

　　一方面，地面有一定坡度，但是不明顯，因此在倒水實驗之前很難預測水流的具體路徑。另一方面，水流的路線完全是受地心引力牽引，絕對不會向上倒流。既然水必須服從地心引力，又沒有既定方向，於是只好一邊流動、一邊碰撞。流得過就流，流不過就匯聚。透過匯聚、溢出、流動的交替，最終在地面刻鑿出最合理的路徑。

　　市場猶如坡度不明顯的地面。坡度代表趨勢的驅動因素，水流路徑相當

於市場演變的過程。由此我們得到關於市場演變的一些啟示。

第一，行情演變的基本模式是盤整與突破交替進行，或者說價格的密集區（水團）與快速變化（線條）交替出現。

第二，市場並無預設的方向和目標，趨勢路徑是一連串價格試探的結果。我們無法確切預測水將如何流動，只能從水的每一次溢出把握動向，也就是說，我們只能透過市場的不斷測試，來揭曉趨勢走向。投資者千萬不可以將「事後可以合理解釋」與「當時知曉並即刻理解」混為一談。

第三，坡度越明顯，水流過程中快速流動的比例越多，路線方向越清晰。換言之，趨勢背後的驅動因素越強烈，行情演變過程中快速漲跌的比例越多，趨勢方向越明顯。

具體地說，市場不斷嘗試的過程可以從正反兩方面來理解。行情上漲的試探過程：

◆試得上去，上；
◆試不下去，也上（見122頁圖3-5）；

行情下跌的試探過程：

◆試得下去，下；
◆試不上去，也下。

市場在不間斷地嘗試漲、跌之中發現價格，這是市場最基本的運作方式，也是市場活力與效率的生動展現。市場就像一部靈敏的天平，必須能自由搖擺，才能準確地稱重。投資者要培養自身能力，學會從天平的搖擺過程中準確稱重，並且要讓心態歸零，清空自己的成見，完全依據行情事實來判定市場狀態。

另外，市場不停地嘗試，是為了找到正確的路徑，而不是隨機遊走。不能把天平自由搖擺的工作方式，與天平稱重的準確性混為一談，誤以為天平的度量結果也是隨機的。事實上，趨勢是規律作用下客觀必然的結果，追蹤趨勢只需要認準事實，並對照事實判斷市場狀態，不必帶有主觀的看法。

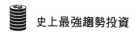

圖3-5 美原油指數分時圖（2018年7月15日～7月19日，5個交易日）

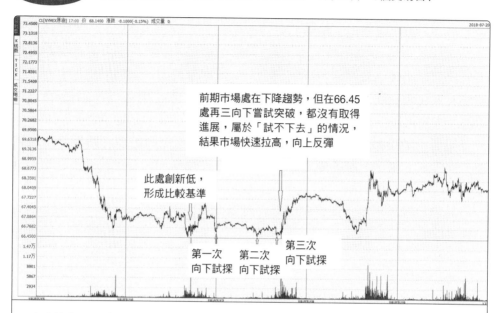

↑ 行情演變的過程就是不斷向上或向下試探的過程，若試得上去，那就上去；若試不下去，也得上去。本圖中，原油指數原本處在下降趨勢中，但在66.45點的位置，市場再三向下嘗試未果，最後掉頭向上急拉，是典型的「試不下去，也上」的案例。

3-3 【價格水平線】行情的比較基準，具有支撐與壓力作用

價格水平（線）

　　追蹤行情最基本的方法是趨勢定義，就是以行情軌跡上具有代表性的歷史高低點，作為比較基準去考察後市的行情。如果後市的行情比基準更高、更低或維持在基準之內，就分別構成上升、下降或橫向趨勢。技術分析特別將這些歷史高低點稱為價格水平，而且為了便於比較後市的行情，我們可以從歷史高低點拉出水平的直線，稱之為價格水平線（見圖3-6）。

　　其道理很簡單，如同河堤或大壩上被水浸泡所留下的水位痕跡，是衡量江河水位的尺規。「多少年一遇的大洪水」、「多少年一遇的乾旱」等說法，指的就是當前水位和歷史水位記錄的比較結果。

　　市場行情的歷史高低點是衡量後市行情的自然尺規，值得特別強調的

圖3-6　上升趨勢與橫向趨勢的價格水平線示例

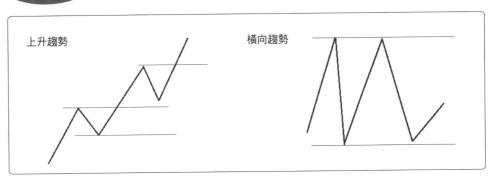

上升趨勢　　　　　　　　　　　橫向趨勢

圖3-7 美豆粕指數日線圖（2018年1月9日～7月30日）

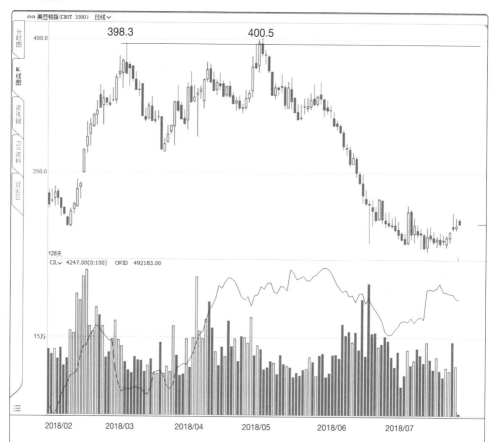

↑ 3月2日的高點398.3是一輪急速拉升行情的終點，具有代表性意義，從這裡向右拉出水平直線，便是一條價格水平線。4月30日，市場第一次觸及該價格水平後明顯回落，留下一條長長的上影線。5月1日，市場再度向上觸及該價格水平，最高點為400，當日收盤為398點，形成一條長陽線。5月2日，市場在398點開盤，又一次向上嘗試，但是開高走低，留下一條陰線。從此之後，市場在本圖上沒回到此高點，398.3點的價格水平成功壓制市場向上的步伐，成為一個重要的反轉點。

是，歷史行情記錄呈現的完全是事實，並未經過人為加工，因此是最重要的市場觀察憑據。

畫價格水平線的方法是，找到一個具有代表性的高點或低點，從該處拉

圖3-8　黃金T+D日線圖（2018年1月18日～7月30日）

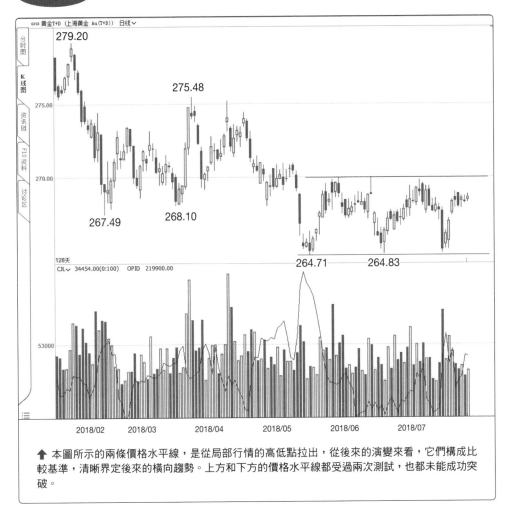

↑ 本圖所示的兩條價格水平線，是從局部行情的高低點拉出，從後來的演變來看，它們構成比較基準，清晰界定後來的橫向趨勢。上方和下方的價格水平線都受過兩次測試，也都未能成功突破。

出一條水平直線即可。所謂代表性意義，一種情形是快速拉升或劇烈下跌行情的兩個端點，另一種情形是價格密集區域（通常為橫向趨勢）的上、下邊界。

　　圖3-7所示的價格水平線，是從第一種情形的高點拉出，變成後來橫向趨勢的上邊界。圖3-8所示的價格水平線，是連接局部行情的高低點，屬於

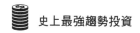

圖3-9 橙汁指數日線圖（2017年12月21日～2018年7月30日）

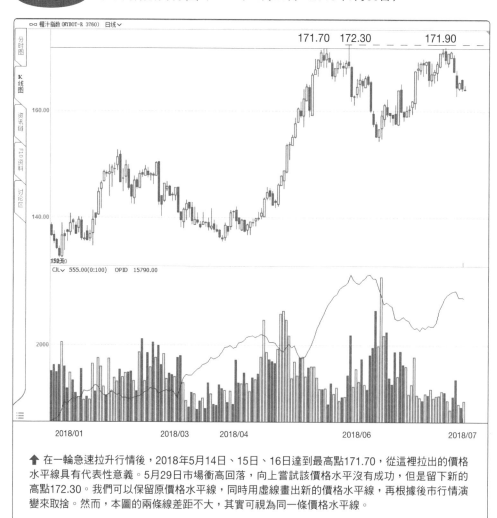

↑ 在一輪急速拉升行情後，2018年5月14日、15日、16日達到最高點171.70，從這裡拉出的價格水平線具有代表性意義。5月29日市場衝高回落，向上嘗試該價格水平沒有成功，但是留下新的高點172.30。我們可以保留原價格水平線，同時用虛線畫出新的價格水平線，再根據後市行情演變來取捨。然而，本圖的兩條線差距不大，其實可視為同一條價格水平線。

第二種情形，它們清晰界定橫向趨勢，具有良好的指標作用。

　　一般來說，價格水平線應該盡可能涵蓋一段時間內的極端點，盡可能包括顯著趨勢或橫向趨勢的價格變化。在K線圖上，有時候需要在實體的端點和影線的端點之間做取捨，一般是採用影線的端點，而不採用實體的端點，

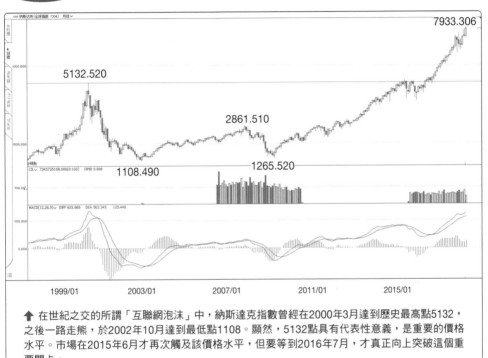

圖3-10　納斯達克指數月線圖（1997年4月～2018年7月）

↑ 在世紀之交的所謂「互聯網泡沫」中，納斯達克指數曾經在2000年3月達到歷史最高點5132，之後一路走熊，於2002年10月達到最低點1108。顯然，5132點具有代表性意義，是重要的價格水平。市場在2015年6月才再次觸及該價格水平，但要等到2016年7月，才真正向上突破這個重要關卡。

也就是採用最高點、最低點，不採用開盤價、收盤價。

　　另外，在遇到類似於圖3-7的行情變化時，上方的價格水平線可能需要適當調整。具體做法是保留原來的價格水平線，並拉出新的價格水平線，再依後來行情演變來決定取捨（見圖3-9）。

　　圖3-9所示的兩條價格水平線，距離相差不多，基本上可視為同一條。況且，市場演變本來就是一種統計現象，並不在意精確性，因此價格水平有時候不是一條直線，而是一個窄小的區間。

　　對於重要的價格水平線，我們習慣在圖表上儘量向右延長，讓它們在遙遠的未來也能發揮指標作用（見圖3-10、128頁圖3-11）。那麼，什麼樣的價格水平更加重要呢？

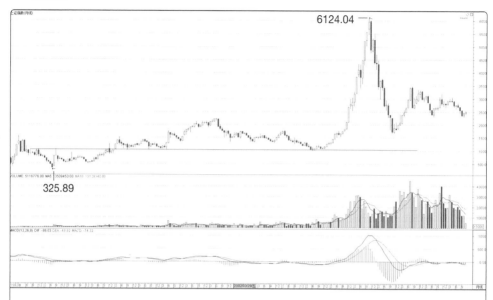

圖3-11　上證指數月線圖（1992年10月～2011年11月）

6124.04 —

325.89

↑ 本圖上演著名的千點大關，即圖中標示的價格水平線。測試價格水平的高點出現在1993年7月的1009點、8月的1042點，接下來是1993年11月的1011點、12月的1044點，以及1994年9月的1052點。

比較醒目的低點有1997年7月的1066點、9月的1025點，1998年8月的1043點，以及1999年2月的1064點、5月的1067點，最後是2005年5月的1043點、6月的998點、7月的1004點。幸虧，市場得到有力支撐，經過屢試不跌後，終於展開一輪持續到2007年10月的超級大牛市。

　　第一，時間範圍越長久、行情兩端距離越大的歷史高低點，越加重要。圖3-10所示的歷史高點，是數十年一遇的超級行情端點，這類行情要麼持續時間長，要麼價格變化大，或是兼而有之，總之標示著天翻地覆的市場變化，即使在未來多年之後，仍是重要的比較基準。

　　第二，發生的時間越接近當前時間，越加重要。對投資者來說，越是最近發生的漲跌，記憶越鮮活，關注度也越高，價格水平發揮作用的可能性就越大。

　　第三，價格水平就像關口，市場往往要經過若干次嘗試，才能成功突破關口。價格水平被測試的次數越多，給投資者留下的印象越深，發揮作用的

圖3-12　VIX日線圖（2018年1月15日～7月30日）

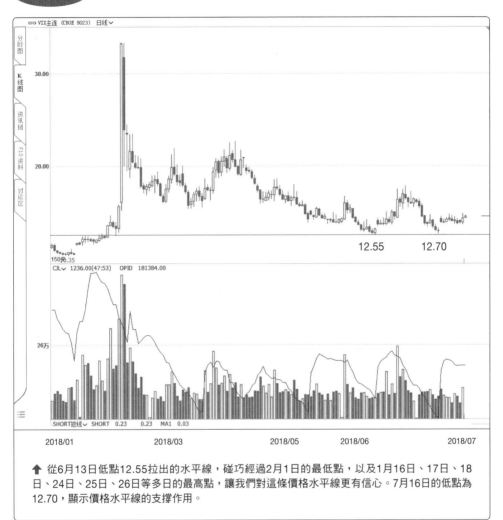

⬆ 從6月13日低點12.55拉出的水平線，碰巧經過2月1日的最低點，以及1月16日、17日、18日、24日、25日、26日等多日的最高點，讓我們對這條價格水平線更有信心。7月16日的低點為12.70，顯示價格水平線的支撐作用。

可能性就越大（如圖3-11所示的千點大關）。

　　第四，市場在價格水平附近的成交量越多，牽動的盈虧就越多，引起的關注也越多，因此越加重要（見圖3-12）。

　　第五，如果價格水平的位置同時也是某種價格形態完成的突破點，就更

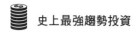

圖3-13 CRB延續日線圖（2017年12月21日～2018年7月27日）

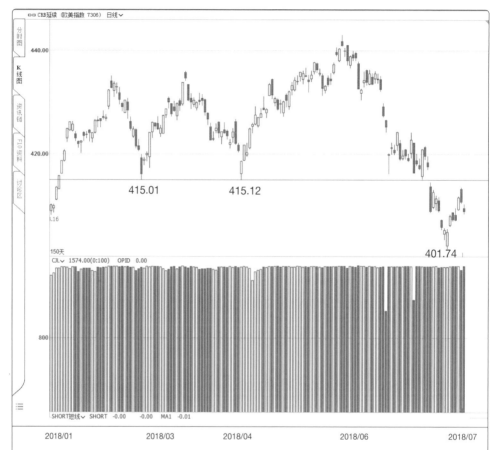

⬆ 本圖的價格水平線十分清晰，該線是從2月9日的415點拉出，4月4日的低點確認該線的支撐作用。6月19日的K線形成長下影線，向下試探價格水平線，低點為416。7月6日的低點415，再一次於價格水平線得到支撐。

7月10日是一根短陰線，7月11日是一根長陰線，兩根日K線分別位在價格水平線的上下兩側，形成一個大幅度的向下跳空。市場在向下跳空的同時，也向下突破價格水平線，進一步強調該價格水平的重要性。7月26日，當市場向上試探價格水平線，最高僅達到413點就一觸即潰。

加引人注目，重要性自然更高。另外，如果價格水平附近發生跳空，或是與趨勢線等其他的技術分析訊號重疊，在其加持之下，價格水平的重要性也將提高（見圖3-13）。

追根究柢，價格水平線是標誌市場狀態的分界線：當市場處在價格水平線之上（或之下），行情處於一種市場狀態；當市場向下（或向上）突破價格水平線，跨到水平線的另一側時，行情將明顯進入另一種市場狀態。於是，價格水平成為觀察市場狀態轉變的關鍵點或轉折點。

然而，並非所有歷史高低點都是有效的價格水平，我們必須分辨它們的重要性，並區別對待。

價格水平線的支撐作用和壓力作用

價格水平線是行情的比較基準，用以判斷市場方向。此外，價格水平線還能對行情發揮支撐作用和壓力作用。

從代表性高低點向右畫出價格水平線。之後，如果行情線圖位於價格水平線的下方，則每當市場回升到價格水平線附近，往往會向下折返，上升步伐遭遇阻礙，這是價格水平線的壓力作用（見圖3-7、圖3-9）。

相反地，如果行情線圖位於價格水平線的上方，則每當市場回落到價格水平線附近，往往會向上折返，下降步伐遭到阻止，這是價格水平線的支撐作用（見圖3-11、圖3-12）。

支撐作用和壓力作用的道理很簡單：市場傾向於維持現狀，若要打破現狀，需要額外的力量來推動。當行情位於價格水平線的上側或下側，這一側便是現狀；市場安於現狀，沒有外力推動就不會突破價格水平線，不會形成趨勢性變化。

於是，行情從價格水平線折返就成為比較常見的現象，這是支撐作用和壓力作用的由來。我們將行情上方的價格水平稱為壓力水平線，將下方的價格水平稱為支撐水平（見132頁圖3-14）。

當然，價格水平終究會被突破。如果市場由下而上突破價格水平線，進入價格水平線的上方，那麼該價格水平會從原本的壓力作用，轉變為支撐作用（見圖3-10）。相反地，如果市場由上而下跌破價格水平線，進入價格水

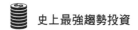

圖3-14　價格水平線的支撐和壓力作用

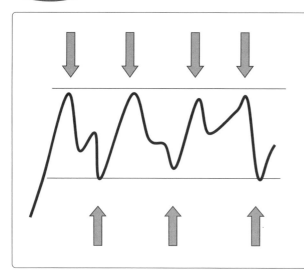

← 本圖與圖3-8相似，有兩條價格水平線，行情在兩條線之間橫向波動。從最左側的高點向右引出一條水平直線。之後，每當市場回升到該直線的下方附近，都會向下折返，顯示上面這條直線具有壓力作用。從左側的低點向右引出另一條水平直線。之後，每當市場回落到這條直線的上方附近，都會向上折返，顯示下面這條直線具有支撐作用。

圖3-15　支撐作用和壓力作用的互換

↑ 左側的價格水平線原先是發揮壓力作用，被向上突破後，轉化為支撐作用。右側的價格水平線原先是發揮支撐作用，被向下突破後，轉化為壓力作用。其原因都是市場安於現狀，突破前是一種現狀，突破後是新的現狀。

平線的下方，那麼該價格水平會從原本的支撐作用，轉變為壓力作用（見圖3-13）。

　　支撐作用和壓力作用的角色互換，其道理很簡單：市場在發生突破之前，安於原本的狀態，在突破之後安於新的狀態，因此價格水平會發揮相反的作用（見圖3-15）。

　　一言以蔽之，隨著市場突破價格水平線，價格水平的作用會發生180度的轉變，由支撐變壓力、壓力變支撐。

發生在價格水平線附近的4種市場變化

　　以下每一種變化都有意義，都能透露市場訊息。

1. 市場忽略價格水平線，直接向上或向下穿越。

　　價格水平線必須經得起市場測試，如果市場直接穿越，則無從得知其是否有作用。這種情況比較少見，通常表明行情勢如破竹，超越一般的預期，比較可能發生在趨勢演變的第三階段。

　　實際的例子可以看圖3-11，上證指數在2001年6月曾經創下歷史高點2245，當時十分顯著。但是，後來在突破千點大關的2005年～2007年大牛行情裡，2006年12月以一根長陽線，對2245點的壓力視而不見，一穿而過。

2. 市場抵達價格水平線後掉頭折返。

　　這種情況就是價格水平線的支撐作用和壓力作用，屬於最常見的趨勢運行表現。

3. 市場未抵達價格水平線，便早早掉頭折返。

　　這種情況表明趨勢的強度偏弱，達不到一般預期，之後行情發生反向修正的可能性比較大。

4. 市場最初從價格水平線附近掉頭折返，爾後再次嘗試，即成功突破。

　　這種情況較為常見，其折返的幅度小、經過的時間也短，是典型的有效突破訊號。

圖3-16a　美元指數分時圖〔2016年11月14日（週一）～15日（週二）〕

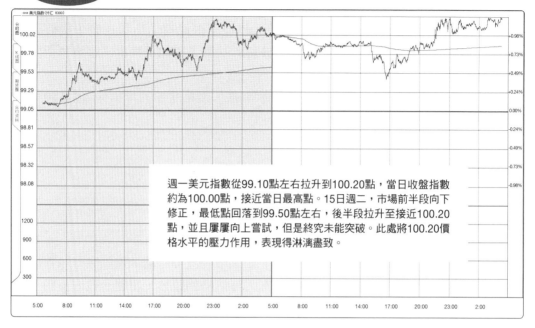

週一美元指數從99.10點左右拉升到100.20點，當日收盤指數約為100.00點，接近當日最高點。15日週二，市場前半段向下修正，最低點回落到99.50點左右，後半段拉升至接近100.20點，並且屢屢向上嘗試，但是終究未能突破。此處將100.20價格水平的壓力作用，表現得淋漓盡致。

圖3-16b　美元指數分時圖〔2016年11月14日（週一）～16日（週三）〕

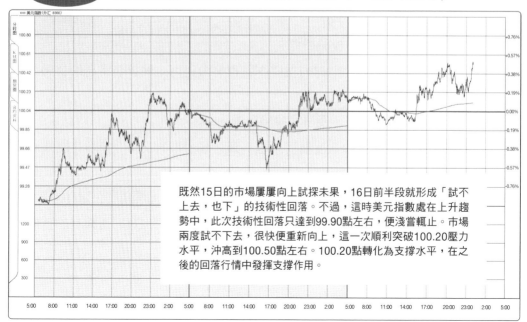

既然15日的市場屢屢向上試探未果，16日前半段就形成「試不上去，也下」的技術性回落。不過，這時美元指數處在上升趨勢中，此次技術性回落只達到99.90點左右，便淺嘗輒止。市場兩度試不下去，很快便重新向上，這一次順利突破100.20壓力水平，沖高到100.50點左右。100.20點轉化為支撐水平，在之後的回落行情中發揮支撐作用。

圖3-16c　美元指數分時圖〔2016年11月15日（週二）～17日（週四）〕

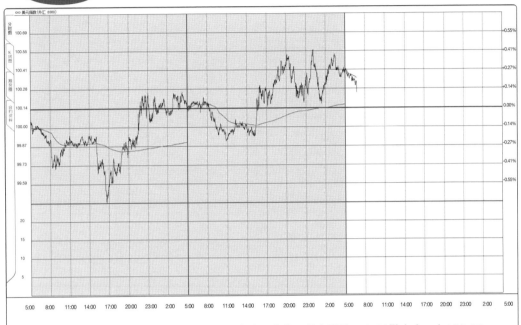

↑ 16日，市場向上突破100.20點的壓力水平之後，最高到達100.50點左右。在100.20點～100.50點之間，市場向上嘗試3次，向下回落2次。

突破訊號

　　上述的第一種和第四種情況，都是價格水平線被突破。事實上，價格水平線就是透過突破訊號，來發揮作為比較基準的作用。

　　什麼是突破訊號？當市場行情明顯向上或向下超越價格水平線，形成新高點或新低點，尤其是符合上升趨勢或下降趨勢的定義時（更高的高點與更高的低點，或者更低的低點與更低的高點），就表明行情進入新的市場狀態（見134～136頁的圖3-16系列）。

　　市場上微不足道的變化，能引發重大不可逆的變化。這道理如同釣魚時，有時候魚的力量太大，突然間漁竿被拉斷，造成雞飛蛋打，一無所得；又像是吹氣球時，越吹越大，突然間「啪」地一聲，氣球爆裂。

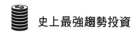

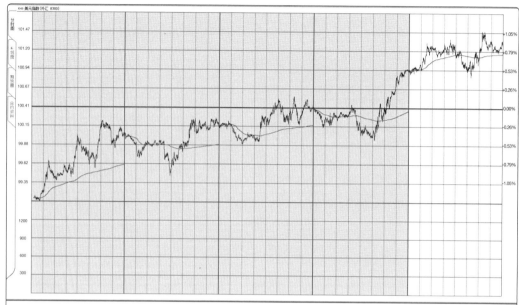

圖3-16d 美元指數分時圖〔2016年11月14日（週一）～18日（週五）〕

↑ 16日3次向上試探100.50壓力水平未果，同樣出現「試不上去，也下」的技術性回落。17日走到後半段，市場再次上漲乏力，掉頭向下，跌到最低點99.90上方。所幸，上升趨勢再次發揮作用，市場在低點稍作逗留之後，轉頭向上快速拉升，這一次果斷突破100.50壓力水平，沖到100.90點。

不僅如此，18日開盤後接力拉升，當日雖有震盪，但是最低點在100.80，最高點達到101.50，收盤價在101.30的高位。當週大致從最低點開始，以最高點結束，過程中一波高過一波，上升趨勢有力地展開，價格水平也一再地形成、突破，是很典型的現象。

　　漁竿折斷、氣球爆裂都發生在一瞬之間，過程太快，不好控制。如果用高速攝影拍下畫面，會發現慢動作之下的斷裂和爆裂，都是從微小卻不可逆轉的突破開始，最終改變了漁竿和氣球的狀態。

　　對投資者來說，越早確認突破訊號的發生，越有利於確認市場狀態重大且不可逆轉的變化，也越便於採取有利的行動。由此可見，突破訊號包含著極為重要的市場訊息。

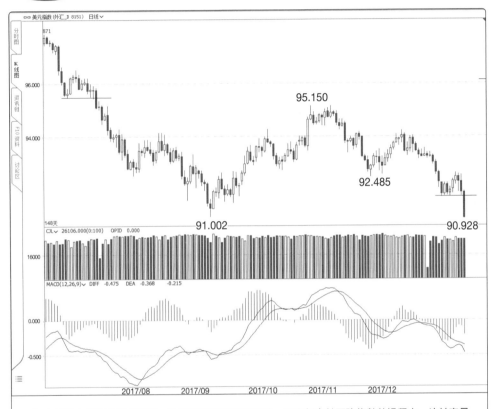

圖3-17　　美元指數日線圖（2017年6月20日～2018年1月12日）

↑ 本圖的左側和右側各出現一次典型的向下突破訊號，兩次都處於下降趨勢的過程中，比較容易是真突破訊號。不僅如此，當市場第一次下降到一個顯著低點，形成價格水平，後來從這裡向上反彈的幅度不大，持續時間也不長（左側的突破訊號前大約有10個交易日，右側的突破訊號前有7個交易日），都是真突破訊號的典型特徵。

突破訊號的真偽

因為市場變化屬於統計現象，突破訊號當中必然有些是真的，有些是假的。當市場處於趨勢狀態，如果突破方向符合趨勢方向，比較容易是真突破訊號（見圖3-17）；如果突破方向不符合趨勢方向，比較容易是假突破訊號（見138頁圖3-18）。

圖3-18 美原油指週線圖（2014年11月14日～2017年9月8日）

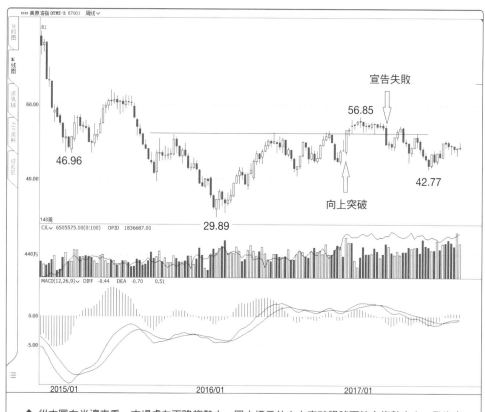

🔺 從本圖左半邊來看，市場處在下降趨勢中。圖中標示的向上突破訊號不符合趨勢方向，發生突破後，市場並未順利向上運行，而是在價格水平線上方徘徊不前。最終，市場明顯下跌，重新穿越到價格水平線的下方，可以確認之前的向上突破是假突破訊號。這個假突破相當撲朔迷離，持續時間長達13週之久。事實上，這個向上假突破發生在底部形成的過程中，屬於橫向趨勢，其中的突破訊號往往不易得到確認。

　　當市場處在橫向趨勢，如果在橫盤區間的內部發生突破訊號，往往意義不大；如果在橫盤區間的邊界發生突破訊號，則須慎重確認（見圖3-18）。

　　從理想趨勢演變模型來看，第一階段和第二階段通常屬於橫向趨勢，對於發生在其內部的突破訊號，一定要加倍警惕；對於發生在第一階段、第二階段完成時的突破訊號，也要瞪大眼睛觀察。然而，趨勢第二階段的方向已

圖3-19　美麥日線圖（2017年11月15日～2018年8月9日）

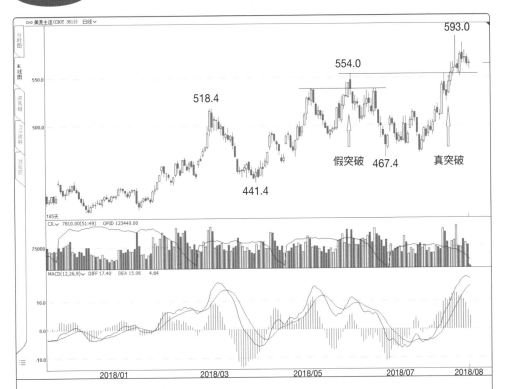

↑ 在圖中標示假突破訊號的左側，市場在2018年5月3日達到新高538點，形成價格水平。5月24日，市場沖高回落，第一次挑戰538後折返，當日形成上影線極長、實體極短的K線。次日（25日）市場捲土重來，形成一根較長的陽線，收盤價明顯高於538，市場似乎已經向上突破。再下一個交易日（29日），市場開高，最高點554，似乎可以確認前一日的突破訊號，但是當天又回落到最低點531，收盤價恰好為538。那麼前一日的向上突破究竟是真是假呢？

5月30日，市場開低於534，接著便一路下滑，最後收於522點，確認了5月25日的向上突破為假突破訊號。這個假突破只維持1～2個交易日，符合第二種假突破的特徵，但是在發生向上突破之前，市場在整體上似乎處於上升趨勢，使我們更難判斷它是假突破訊號。此後，5月29日的最高點554成為新的價格水平，後來在7月26日發揮壓力作用，導致市場向下折返；然而，此時回落的幅度較小（低點為525），持續時間也只有3個交易日。到了第四個交易日（8月1日），市場便決定性地向上突破，形成真突破訊號。

圖3-20a　滬鉛指數日線圖（2017年12月18日～2018年8月10日）

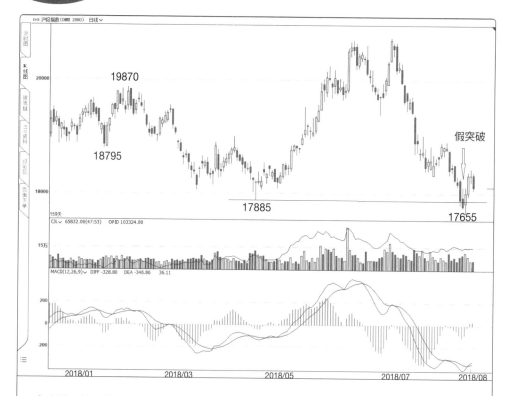

⬆ 經過一輪顯著的快速下跌行情後，2018年8月3日是一根長陰線，當日低點17805低於4月16日的代表性價格水平，但是收盤價為17895，勉強維持在其上方。次一交易日（6日）是一根陰線，收盤價為17780，似乎已經向下突破，不料，再下一日（7日）是一根陽線，當天一度創新低至17655，但是收盤價為18015，重新拉回到價格水平之上。8月8日又是一根長陽線，確認了此處為假突破訊號。這個向下假突破發生在顯著的下降趨勢過程中，僅就本圖來看十分難以判斷；不過，若改用3-20b的週線圖做觀察，會發現本圖的顯著上漲和顯著下跌行情，都屬於更長期橫向趨勢的一部分，並且17885點差不多正好是這個大橫盤區間的下邊界。

經較為明確，如果發生符合趨勢方向的假突破訊號，只要投入金額限定在小範圍內，不妨靜觀其變，不必急於停損。

假突破有兩種情況較為常見，一種如圖3-18所示，發生突破後，市場不能順著突破方向繼續運行，而是經過一段橫向盤整後，重新返回價格水平線的原來一側。

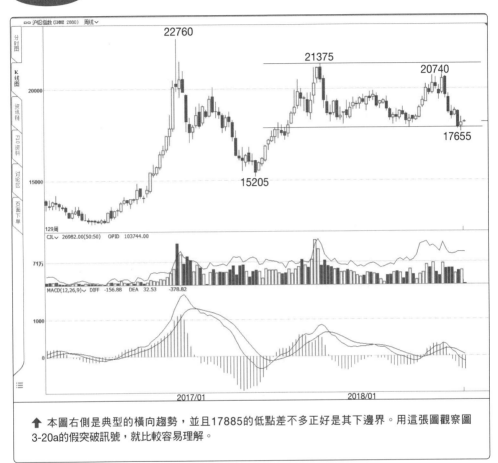

圖3-20b　滬鉛指數週線圖（2016年2月19日～2018年8月10日）

↑ 本圖右側是典型的橫向趨勢，並且17885的低點差不多正好是其下邊界。用這張圖觀察圖 3-20a的假突破訊號，就比較容易理解。

　　另一種如圖3-19（見139頁）、圖3-20a和圖3-20b所示，發生突破後，雖然市場順著突破方向前進，但是在1～2個交易日之內，馬上又回到價格水平線的原來一側。

　　假突破訊號不容易分辨，典型的真突破訊號卻有一定的模式可供參考。第一，當前市場處在趨勢狀態下，突破訊號的方向符合趨勢方向。第二，市場初次從價格水平線折返時，幅度偏小，持續時間也偏短。第三，當市場再次順趨勢方向突破價格水平，往往構成真突破（見142頁圖3-21）。圖3-16系

圖3-21 玉米指數日線圖（2017年11月9日～2018年8月9日）

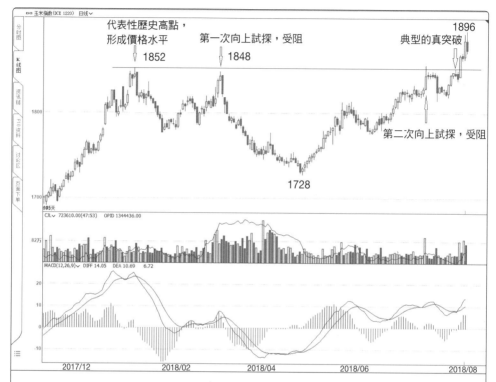

⬆ 2018年1月5日大漲後的高點1850，形成重要的價格水平。3月6日市場第一次向上挑戰該位置，但是受阻回落，引發較為明顯的下跌行情。7月16日，市場第二次向上試探，再次受阻。第一次嘗試時，市場處在橫向趨勢中；第二次嘗試時，市場已經處在上升趨勢。

不久之後的8月2日，市場捲土重來，再次向上挑戰1850價格水平；儘管再次受阻回落，但只持續2天，而且回落幅度很小。8月6日，市場一鼓作氣向上突破，決定性地恢復上升趨勢。8月2日～6日屬於典型的真突破訊號，甚至可以將7月16日～8月6日視為擴展的真突破訊號，因為7月16日之後整體回落的幅度並不大，最低點為1815，持續時間為14個交易日。

列、圖3-17、圖3-19的真突破案例，都具備上述特點。

　　我們在判斷突破訊號的真偽時，往往以收盤價為依據，而不是當日波動。原因有二，一是當日價格的變動性較大；二是收盤時的成交量往往高於一般時段，而且許多交易所透過集合競價來產生收盤價，使得收盤價更具有代表性。

　　為了鑑別假突破訊號，我們還可以採用時間過濾器和價格過濾器。時間過濾器指的是，發生突破訊號後，必須接連兩日（如果是採用日線圖）的收盤價位於突破後的同一側，方能確認突破訊號為真突破。但是，這個辦法面對圖3-18類型的假突破，會有局限性。

　　價格過濾器指的是，發生突破訊號後，市場必須順著突破方向繼續運行到一定程度，例如：超過價格水平2%或5%，才能確認突破訊號為真突破。但是，這個辦法面對圖3-19和圖3-20系列類型的假突破，也一樣會有局限性。

　　我們認為，價格水平的基本功能是作為認定新高、新低的比較基準，讓我們可以根據趨勢定義，確認趨勢的發生、發展和逆轉。這意味著，上升趨勢必須透過向上突破價格水平來證實，或者說在上升趨勢中，市場遲早會向上突破價格水平；下降趨勢必須透過向下突破價格水平來證實，或者說在下降趨勢中，市場遲早會向下突破價格水平。

　　由此可見，突破訊號是趨勢發生、發展和逆轉過程中的代表性市場現象，原本屬於趨勢演變進程的一部分。因此，我們在分辨突破訊號的真偽時，應當以趨勢為中心來做鑑別。

　　具體來說，在趨勢第一階段，應按照頭部或底部的要領來分辨真偽，尤其是底部的向上突破，必須有足夠的證據方能確認；在趨勢第二階段，要按照趨勢方向來分辨，但是此階段的突破訊號可信度不高；在趨勢第三階段（市場處於趨勢狀態），則順趨勢方向者通常確認為真，逆趨勢方向一般確認為假。

　　價格水平的支撐或壓力作用則是次要的。由於行情容易在價格水平附近發生轉折，形成各種價格形態，所以容易吸引投資者注意，但是行情會在何時、以何種方式突破價格水平，應以統計的觀點來看待，不宜斤斤計較，因小失大。更重要的是，一定要在事後下定論，以事實為依歸，不能在事前抱

有成見。

用價格水平線選擇進場點

價格水平可以用作選擇進場點的參考工具，幫助投資者控制進場成本，精選進場時機。

圖3-22a顯示美元指數處在上升趨勢中，在最後向上突破之前，形成一個上升三角形的橫盤狀態。根據95.6點的價格水平，可以從圖中標示的5個時間點裡面，選擇進場時機。

1. 逢低買進策略

在確認趨勢上升的前提下，預期市場最終會向上突破，可以選擇在橫向延伸的過程中逢低買進。

其優勢是，買進的成本低。

其劣勢是，難以準確判斷橫向延伸過程的低點，因此不一定能買在低點；更重要的是，買進之後市場還有可能出現下跌，而且很難確定橫向過程會持續多久。如圖3-22a所示，在第一個逢低買進的低點進場之後，市場又出現一次下跌，形成第二個逢低買進的機會；對於在第一次機會買進的人來說，此時便是風險。

2. 市場從低位回升後買進

在確認趨勢上升的前提下，預期市場最終會向上突破，但是對低點的出現時機沒有把握，於是退而求其次，等到市場從低點回升後再買進。

其優勢是，市場從低點開始回升，既能避免低點的不確定性，又能確保買進成本比較低。

其劣勢是，雖然能確認當前的低點，但不能有效排除後市的再次下跌。若選擇在第一次低點回升後買進，同樣會面臨第二次下跌的不確定性。

3. 預期市場即將突破，提前買進

在確認趨勢上升的前提下，預期市場最終會向上突破，可以提前買進。

其優勢是，在市場真正向上突破前，雖然氣氛緊張，但是行情變化速度較慢，投資者可以從容買進，而且買進價低於價格水平。

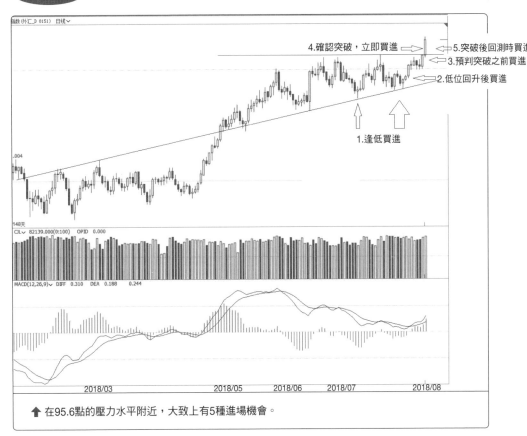

圖3-22a　美元指數日線圖（2018年1月17日～2018年8月10日）

4.確認突破，立即買進 ➡️　　⬅️ 5.突破後回測時買進

⬅️ 3.預判突破之前買進

⬅️ 2.低位回升後買進

1.逢低買進

↑ 在95.6點的壓力水平附近，大致上有5種進場機會。

　　其劣勢是，由於無法預判市場真正突破的時間點，提前買進的不確定性比較大。舉例來說，如果在前一次回升到價格水平下方時買進，可能會遭遇市場回落的不利局面。

4. 確認突破後立即買進

　　一旦確認市場已經向上突破價格水平，便立即下單買進。這是最普遍的買進時機。

　　其優勢是，買進時已經確認市場向上突破，雖然有可能屬於假突破，但是機率偏低。

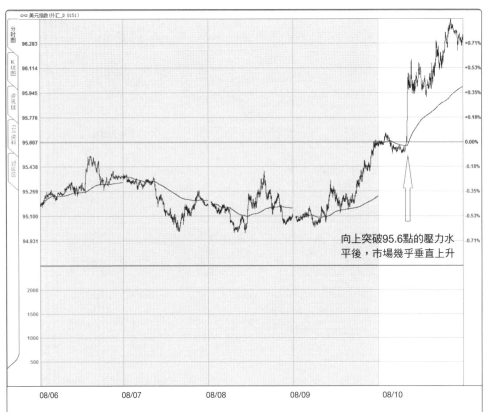

圖3-22b　美元指數分時圖（2018年8月6日～10日）

向上突破95.6點的壓力水平後，市場幾乎垂直上升

↑ 美元指數在8月10日向上突破95.6的價格水平之後，形成幾乎垂直向上的劇烈拉升，在一口氣拉升到95.9之前，投資者基本上不可能買進。

　　其劣勢是，買進價格高於價格水平，更重要的是，市場突破重要價格水平後，通常會出現劇烈拉升，導致成本顯著上升（見圖3-22b）。

5. 突破後回測時買進

　　在向上突破價格水平後，市場傾向於重新試探價格水平，可以利用市場回落到價格水平附近的機會買進。在圖3-22a的例子中，市場剛剛向上突破，還未形成回測。

其優勢是，市場已經塵埃落定，投資者可以從容地買進，成本雖然在價格水平上方，但比較能控制。

其劣勢是，不見得一定會發生回測，即使發生了，也不一定會回落到價格水平附近。事實上，市場向上突破價格水平後，有可能上沖得較高，即使出現回落，也是遠遠位於價格水平上方，按照這個策略可能沒有機會買進。

我們可以為第五種策略提出一項補救措施，或是算作第六種選擇：在確認趨勢上升的前提下，市場向上突破價格水平後，如果未在第一時間買進，之後再次向上創新高時，便無論如何都必須買進，且不考慮買進成本。

必須強調的是，進場的根本目的是捕捉趨勢、追隨趨勢，絕不能走火入魔，只埋頭追求精準控制進場成本或進場時機，萬一事不湊巧，反而會錯過趨勢本身。

如果錯過「精準」的進場時機，該怎麼辦呢？不要緊，更重要的還是趨勢本身。只要市場處在趨勢明朗的狀態下，相較而言，在何時進場並不是重點；在上升趨勢中持有多頭倉位、在下降趨勢中持有空頭倉位，才是唯一正確的選擇。寧可進場時機不湊巧，也絕不錯過正確倉位，因為市場是統計的結果，原本就無精確性可言。

這裡再重複一遍，在上升趨勢中做多，在下降趨勢中做空，遠比「做得巧、做得妙」重要。後文圖3-25（見150頁）的例子便證明，在持久的牛市行情下，持有多頭才最重要。多頭行情向上推進的空間如此之大，以至於當初在價格水平附近如何精準地做多，都變成雞毛蒜皮，根本不值一提。

用價格水平線選擇出場點

趨勢是不斷演變的有機生命體，價格水平則是靜態記錄的既成事實。正因如此，價格水平可以作為評估趨勢力度的參考工具，卻不宜作為設定行情價格的目標。

在圖3-23（見148頁）中，跌勢從左上角的代表性高點4771開始，是一個重要的價格水平。行情下跌後，形成三重底反轉形態，A、B、C為3個顯著的波谷（其中A點比較極端，未通過它繪製價格水平線），D、E為兩個顯著的波峰。F點是第一次向上嘗試突破，屬於假突破。G點發生典型的突破訊

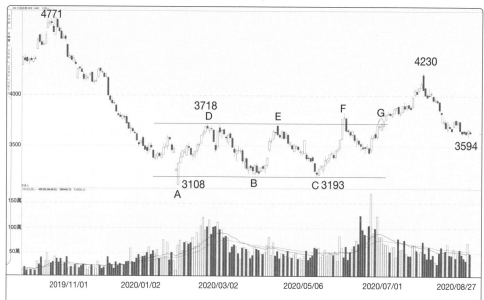

圖3-23 雞蛋指數日線圖（2019年10月10日～2020年8月27日）

⬆ 本圖下方有一個三重底反轉形態，其頸線基本上是一條水平線，位於3718點左右。當市場在G點向上突破該頸線，三重底形態完成，市場形成上升趨勢。在三重底之前，市場從4771點一路下跌，該處為代表性的歷史高點，也是重要的價格水平。三重底之後，市場僅上升到4230點便轉頭向下，遠離4771點，表明市場內在的疲軟。

號，屬於真突破，完成三重底向上反轉的過程，市場進入上升趨勢。

然而，趨勢總是充滿變化，上升過程最高觸及4230點，距離4771點的重要價格水平尚遠，便向下折返，透露出當前市場內在的疲軟特徵。若我們當初設定4771點為價格目標，就有可能對上升過程中的提前逆轉喪失警惕。

在圖3-24中，2015年6月之後的大幅下跌，給投資者留下不可抹滅的慘痛教訓。當牛市行情如火如荼，突然一夕之間風雲變色，行情出現V形反轉，氣勢洶洶的牛市瞬間變成自由落體的熊市。

想要在這樣的覆巢之下保住完卵，每一天進場都必須清空自己的成見，讓觀察判斷從零開始。如果心中惦記著6124點的歷史價格水平，恐怕很容易喪失警覺，對行情變化不再敏感。唯有盯牢市場，一旦取得趨勢反轉的確切

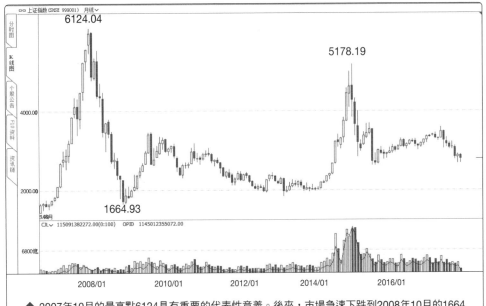

圖3-24　上證指數月線圖（2006年5月～2018年8月）

↑ 2007年10月的最高點6124具有重要的代表性意義。後來，市場急速下跌到2008年10月的1664點，跌得相當充分，然後再快速上升到2009年8月的高點3478，接下來是長路漫漫的盤整行情，持續到2014年7月。市場花費5年時間才完成上升趨勢的第二階段，按道理，之後的上升趨勢第三階段應該十分強勁。可是，若我們一心想著6124的重要價格水平，將之視為價格目標，就很可能會對2015年6月前後的趨勢逆轉喪失敏感度，從而錯失大好機會。

證據，就要立刻全部出場，稍有任何遲疑，都可能遭受滅頂之災。

　　趨勢演變生動活潑，充滿變數。當趨勢的力度不足，往往無法觸及重要壓力水平，會早早掉頭，例如圖3-23和圖3-24。當趨勢足夠強勁，往往沿著趨勢方向繼續發展，例如圖3-25。無論何種情況，皆不宜預設價格目標。

　　圖3-25揭示兩次重要的行情關口。一開始，市場在關口處遭遇挫折，若我們以為這就是行情的價格目標，將會與後來氣勢更恢宏、前途更遠大的牛市行情失之交臂。

　　一旦趨勢形成，切記要「讓子彈飛一會兒」，因為趨勢可能忽略某個價格水平徑直穿越而去，也可能望風而逃，遠遠地折返逆轉。唯有趨勢本身才是投資交易的根本目的，行情事實才是投資交易的可靠依據，而判斷某個價

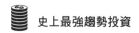
圖3-25 納斯達克指數月線圖（1999年10月～2017年2月）

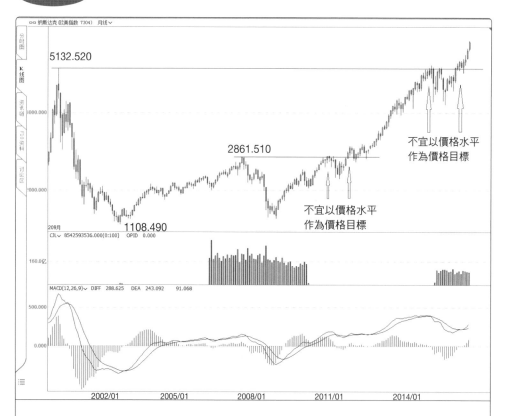

⬆ 從2002年10月的低點1108，到2007年10月的高點2861，形成一輪持續的上升趨勢。2861點成為重要的價格水平，果然在經歷另一輪從跌到升的行情之後，2011年2月、4月、5月、6月、7月輪番向上嘗試2861大關，但每次都無功而返。然而，市場只是在8月～12月、隔年1月的6個月期間稍稍回落，2012年2月就堅定地向上突破該價格水平，進入更大的牛市行情。

2000年3月的行情高點5132，是更顯要的價格水平。前述的強勁牛市從2015年4月開始叩關，5月～12月繼續向上試探，但都沒有成功。然而，如果以為這個價格水平是當前牛市的價格目標，就會錯過2016年8月和之後展開的好戲，牛市將繼續朝氣蓬勃地向上推進。

格水平能否成為一輪行情的目標，不過是一種人為觀點，在其得到市場驗證之前，根本一文不值，反而容易令當事人先入為主，喪失追蹤行情的客觀性和靈活性。

既然不宜以價格水平作為價格目標，那麼如何選擇出場點呢？

第一，追隨趨勢，直至趨勢逆轉；第二，在確認市場已發生趨勢逆轉之後，立即完全退出。在上述基礎下，再進一步考慮按照新的趨勢方向進場。進場時，可以參照價格水平，分批逐次進行；出場時，必須果斷解決，毅然決然。

價格水平以行情事實為基礎

音響器材愛好者追求高傳真的聲音，追求盡可能忠實地重現原音，因此錄音、播放器材既不應該添加任何東西，也不應該減少任何東西。MP3音樂檔採取失真壓縮的演算法，減少細節不可取；有些播放器材故意加強重低音，增加額外的東西，也不可取。

市場技術分析以行情事實為基礎，技術分析工具力求既不增加、也不減少市場行情包含的原有資訊。價格水平基於市場的歷史事實，既不添加、也不減少，因此成為最常用、最重要的技術分析工具。

3-4 【百分比回調線】最常用哪一條評估趨勢強弱，找買賣點？

比較各種百分比回調線

如果市場連續上漲（或持續下跌），途中沒有多少波折，沒有留下代表性歷史高低點，那麼一旦市場停止上漲（或下跌）並開始回落（或回升），該如何評估行情回落（或回升）的力度呢？或者說，該如何預估價格水平的位置呢？

以圖3-26a的布倫特指數為例，2008年下半年的行情幾乎垂直下跌，途中少有波折，找不到代表性的高低點。後來，市場終於停止下跌並開始回升，假設我們在2009年5月展望未來，該如何評估行情回升的力度？換言之，行情回升時，可能會在哪些價位形成高低點？

為解決這些問題，市場技術分析引入百分比回調線工具，具體做法如154頁圖3-26b所示。從下跌行情的起點開始（2008年7月的高點149），到其終點為止（2008年12月的低點41），將這段距離劃分為四等份，每一份占整個下跌行情的25%，然後在25%、50%、75%的3個位置上，分別用水平直線來標識，稱之為百分比回調線。

換句話說，25%指的是行情劇烈下跌之後，回升幅度達到其跌幅25%的位置；50%指的是回升幅度達到其跌幅50%的位置，即回升一半；75%指的是回升幅度達到其跌幅75%的位置。顯然，回調的百分比越小，則市場回升的力度越小；百分比越大，則市場回升的力度越大，越有能力捲土重來。

回到圖3-26b，在2009年5月，市場以一根長陽線回升到25%回調線下方。6月，市場躍過25%回調線，接著在25%～50%回調線之間盤整20個月，

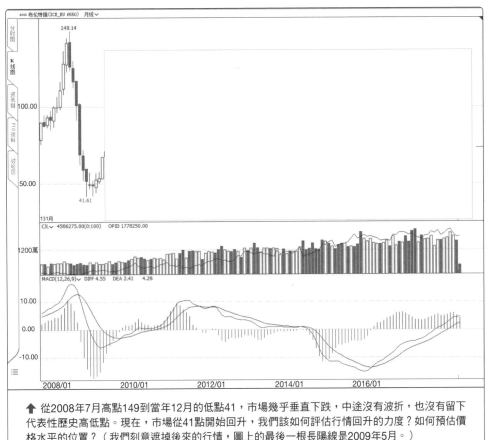

圖3-26a　布倫特指數月線圖（2007年10月～2018年8月10日）

⬆ 從2008年7月高點149到當年12月的低點41，市場幾乎垂直下跌，中途沒有波折，也沒有留下代表性歷史高低點。現在，市場從41點開始回升，我們該如何評估行情回升的力度？如何預估價格水平的位置？（我們刻意遮掉後來的行情，圖上的最後一根長陽線是2009年5月。）

高點接近50%回調線，低點則在25%回調線上下。2011年1月，市場向上突破50%回調線，進入新空間，接下來的45個月都在50%～75%回調線之間橫向波動，高點在75%回調線附近，低點在50%回調線左右。

　　圖3-26b是刻意挑選出來的經典圖例，事實上，百分比回調線雖然能預估在未來可能形成的價格水平，但距離事實還很遠，只能算是大致的勾勒，不可能準確。

　　在運用百分比回調線時，通常的做法是，先把百分比回調線畫出來，然

圖3-26b 布倫特指數月線圖（2007年10月～2018年8月10日）

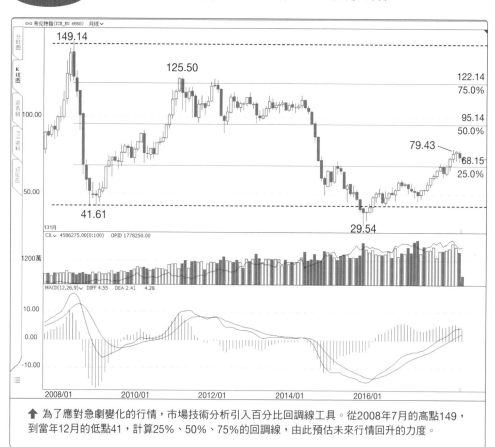

↑ 為了應對急劇變化的行情，市場技術分析引入百分比回調線工具。從2008年7月的高點149，到當年12月的低點41，計算25%、50%、75%的回調線，由此預估未來行情回升的力度。

後隨著行情演變，在出現代表性的高低點之後，盡可能調整回調線以接近高低點，並不在意回調線的比例是否精確。

　　因此，百分比回調線有好幾種設定方式。25%、50%、75%是常用的一組；33.3%、50%、66.7%也很常用；還有人偏好黃金分割法，即38.2%、50%、61.8%（見圖3-27）；或是將四分法拓展到八分法，即12.5%、25%、37.5%、50%、62.5%、75%、87.5%。

　　在上述各種設定方式當中，只有50%都有出現。由此可見，50%回調線是最常用、最常見的一條。

圖3-27　　百分比回調水平示意圖

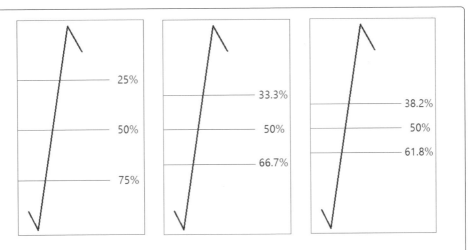

↑ 本圖以急速上漲行情為例，一旦行情開始回落，市場技術分析能運用百分比回調線，預估行情回落中可能出現的價格水平。左圖為按照四等分法計算的百分比回調線。中圖為按照三等分法計算的百分比回調線，但也把50%加上。右圖為按照黃金分割法計算的百分比回調線，並加上50%的價格水平。

借百分比回調線評估趨勢強弱

　　先看25%回調線的實例。圖3-28（見156頁）為道瓊工業指數月線圖，從2009年3月的6469點，到2015年5月的18351點，是一段連續上升行情。2015年5月之後，市場持續橫盤震盪超過一年半。橫盤區間的下邊界恰好為25%回調線，可見這是一段十分強勢的盤整，原來的上升趨勢力度強勁。之後，當牛市再次恢復，運行力度也同樣強勁。

　　接著看33.3%回調線的實例。圖3-29（見157頁）是美元兌印度盧比匯率月線圖，以2007年11月的低點39.06為起點，2013年8月的高點68.92為終點，其33.3%回調線在59.00點左右。市場花了5年的時間，在59點～69點的範圍內橫向盤整，直到2018年8月13日向上突破，恢復原先的上升趨勢。

　　33.3%的回調線的位置比較高，表明原先的上升趨勢力度強勁，預示後來很可能會向上突破。此外，在上述橫盤區間內，後來的行情低點逐漸抬

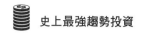

圖3-28　道瓊工業指數月線圖（2008年4月～2016年12月）

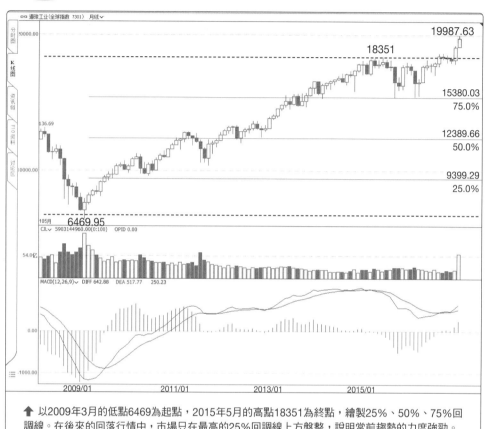

↑ 以2009年3月的低點6469為起點，2015年5月的高點18351為終點，繪製25%、50%、75%回調線。在後來的回落行情中，市場只在最高的25%回調線上方盤整，說明當前趨勢的力度強勁。

高，也暗示向上突破的可能性較大。

　　在上述兩個例子中，25%回調線和33.3%回調線都表明市場比較強勁。不過，50%回調線仍然是最常用的，正如50%的數字所暗示，這條回調線不偏不倚，代表市場在一般情況下應有的修正幅度。

　　圖3-30、圖3-31、圖3-32（見158～160頁）都是50%回調線的實例。圖3-30是美元兌日元月線圖，以2011年11月的低點75.54為起點，2015年6月的高點125.84為終點，在後來的回落行情中，市場停在50%回調線的位置，之

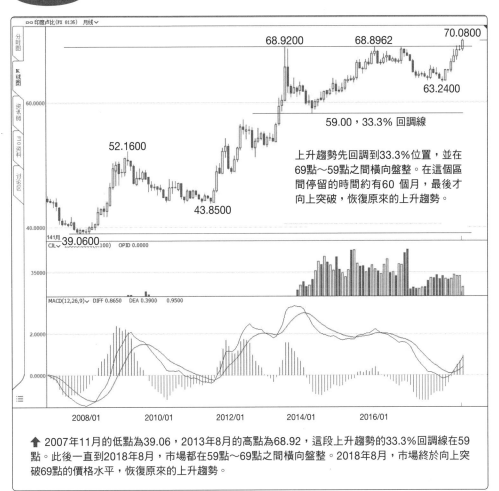

圖3-29　　美元兌印度盧比月線圖（2006年12月～2018年8月14日）

59.00，33.3% 回調線

上升趨勢先回調到33.3%位置，並在
69點～59點之間橫向盤整。在這個區
間停留的時間約有60 個月，最後才
向上突破，恢復原來的上升趨勢。

⬆ 2007年11月的低點為39.06，2013年8月的高點為68.92，這段上升趨勢的33.3%回調線在59
點。此後一直到2018年8月，市場都在59點～69點之間橫向盤整。2018年8月，市場終於向上突
破69點的價格水平，恢復原來的上升趨勢。

後一直在高點與50%回調線之間，呈現振盪收窄的橫向盤整格局。

　　圖3-31是歐元兌美元月線圖。市場回落的過程可分為兩個階段，第一個
階段大約是從2008年7月的高點，持續到2014年12月向下突破50%回調線之
前，總共長達6年多，行情呈現橫向大幅波動，顯示市場對下一波走勢猶豫
不決。第二個階段從2015年1月開始，市場向下突破50%回調線，並在75%回
調線得到支撐。行情到達75%回調線，透露出原有上升趨勢的疲弱，未來難

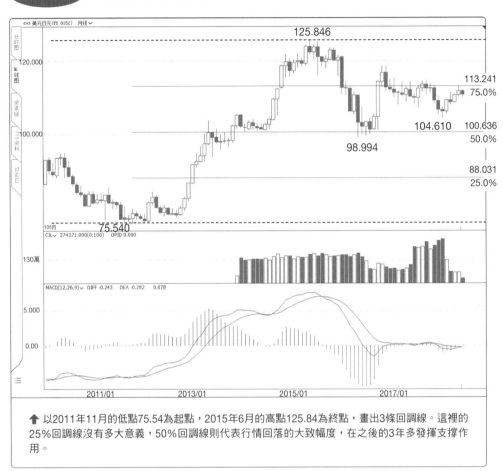

圖3-30 美元兌日元月線圖（2009年12月～2018年8月14日）

↑ 以2011年11月的低點75.54為起點，2015年6月的高點125.84為終點，畫出3條回調線。這裡的25%回調線沒有多大意義，50%回調線則代表行情回落的大致幅度，在之後的3年多發揮支撐作用。

以恢復上升態勢。

圖3-32是CRB指數月線圖。市場在長期下降趨勢中，先是明顯下跌，之後在50%回調線以下橫向盤整，然後恢復下降趨勢。

以2011年4月的高點370.72為起點，2012年6月的低點266.78為終點，50%回調線位於319點。2012年6月～2014年10月，市場一直在50%回調線和低點266.78之間橫向盤整，形成典型的矩形形態。2014年11月，市場終於向下突破266.78點的價格水平，重新恢復原先的下降趨勢，直至2016年1月創

圖3-31　歐元兌美元月線圖（1998年1月～2018年8月14日）

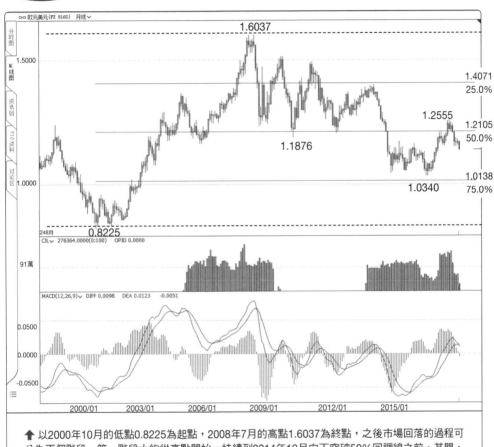

➡ 以2000年10月的低點0.8225為起點，2008年7月的高點1.6037為終點，之後市場回落的過程可分為兩個階段。第一階段大約從高點開始，持續到2014年12月向下突破50%回調線之前。其間，市場在高點和50%回調線之間大幅波動，且波動幅度逐漸收窄。第二個階段從2015年1月開始，市場向下突破50%回調線，並在75%回調線得到支撐，之後大致上在50%和75%回調線之間橫向延伸。50%回調線比較常見，一旦達到75%回調線，便透露原先上升趨勢的疲弱，未來較難恢復上升態勢。

下低點154.85。

根據理想趨勢演變模型，本圖的矩形形態代表下降趨勢的第二階段，而市場向下突破矩形形態後，下降趨勢進入第三階段。事實上，本圖和圖1-18包含了CRB指數在同一個時間段的行情資料，不過圖1-18是從下降趨勢三階

圖3-32　CRB指數月線圖（2008年12月～2018年8月14日）

段的角度來分析，讀者可以與本圖相互對照參考。

　　綜合上面所述，50%回調線最為中規中矩，符合一般預期。如果市場回調達不到50%，代表原先的趨勢較為強勁，未來將會較快、較有力地恢復原先趨勢；如果市場回調超越50%，代表原先的趨勢較為軟弱，未來的盤整過程將會較長、較複雜，甚至未必能夠恢復原先趨勢。

　　當然，市場的回調現象不一定是一次完成，如圖3-31所示，也可能是先回調50%，待形勢繼續演變，最終回調到更低的水平，原先趨勢的發展前景則越來越渺茫。

圖3-33a　美原油指日線圖（2018年2月1日～8月17日）

用百分比回調線尋找進出時機

由於50%回調最為常見，在趨勢明朗的前提下，可以利用50%回調線來尋找合適的進場機會，在上升趨勢中做多、在下降趨勢中做空。

先來看下降趨勢的例子。圖3-33a是美原油指日線圖（2018年2月1日～8月17日），2018年5月之後的走勢呈現一個大三角形形態。8月15日，市場向下突破三角形的下邊線，下降趨勢確立。

在這個過程中，如何尋找進場賣空的機會呢？有兩條線索，一是向下突破後，市場回頭試探三角形下邊線，但受到下邊線的壓力而失敗時，可以作

圖3-33b 美原油指多日分時圖（2018年8月14日～8月17日）

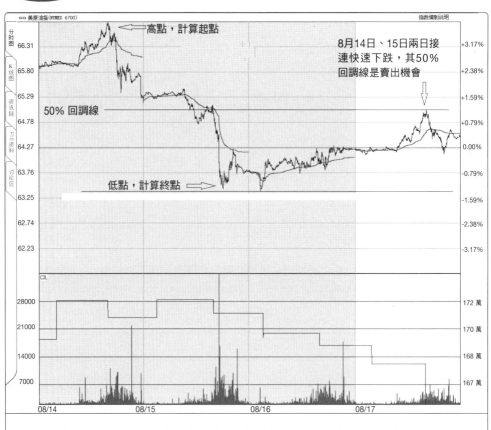

↑ 14日和15日接連快速下跌。當市場反彈回升時，由於50%是最常見的回落幅度，可以在兩日的高低點之間計算50%回調位置，藉此掌握進出場的機會。

為賣出機會。二是當8月14日、15日劇烈下跌，兩者之間的50%回調線可以作為賣出機會（見圖3-33b）。

接著看一個上升趨勢的例子。圖3-34a顯示上證指數正處在強勁的上升趨勢中，12月3日市場大幅震盪，其高點已經是本輪行情新高，收盤價雖然明顯回落，但仍在本輪行情的新高位置上。本圖的截取時間還未到12月4日的中午收盤，我們該如何選擇進場買進的時機呢？大致有3個辦法。

圖3-34a　上證指數日線圖（2014年10月10日～12月4日上午）

➜ 11月下旬以後，市場持續拉升，12月3日創出新高2824點，當日收盤價為2779點，全天市場寬幅震盪，形成一根上下影線較長、實體較短的類十字星線。12月4日，市場開盤後便向上拉升，此時如何選擇進場點？

第一個辦法是，前一日K線的中間點2778（高點為2824，低點為2733）可供參考，這個水平也是再前一日（12月2日）的高點。為了保險起見，可以在稍微高於該價格水平處設置買進指令。因為12月4日的低點為2772，所以這個指令很可能順利買進成交。

圖3-34b 上證指數分時圖（2014年12月4日上午）

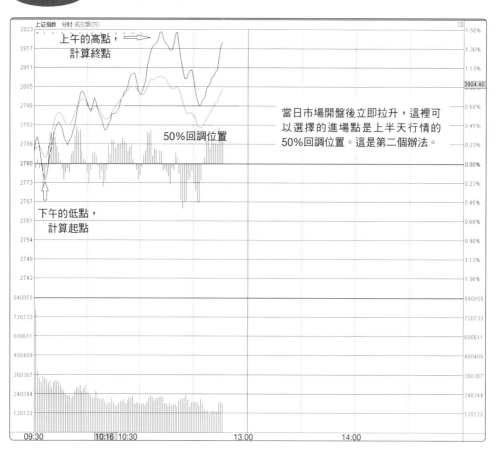

第一個辦法。以12月3日的中間點2778為進場參考點，為了保險起見，可以在開盤前後，靠近2778點的上方設置買進指令。順帶一提，12月2日的高點2777也是值得參考的價格水平。幸運的是，12月4日的低點為2772，這一個買進指令很可能順利買進成交。

第二個辦法。圖3-34b與圖3-34a差不多在同一時間截取，從分時圖來看，12月4日開盤時，市場稍微下跌之後便一路上行，在10點45分左右到達2824點的價格水平，並受到前一日（12月3日）高點的壓力而開始回落。此時，以當日低點為起點，當日高點為終點，計算出來的50%回調位置為2798

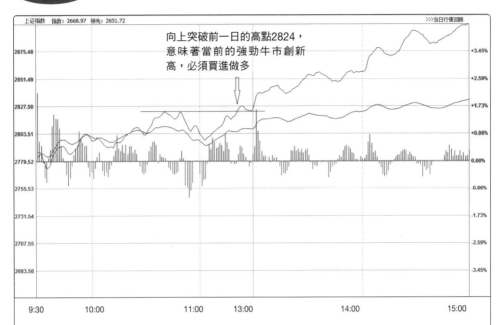

圖3-34c　上證指數分時圖（2014年12月4日）

向上突破前一日的高點2824，
意味著當前的強勁牛市創新
高，必須買進做多

⬆ 12月4日的最高價為2900，收盤價為2899，是一個強勢上漲的日子。當市場向上突破2824點，即向上突破前一日的高點，並且再創新高時，必須以此作為最後的買進機會，果斷進場。道理很簡單，在這樣強勁的牛市行情下，無論採取哪一種策略，重點都是買進做多，而不是精確選點。這是第三個辦法，也是最後的斷然措施。

點；為了保險起見，可以在靠近其上方設置買進指令。由於行情回落正好停在2798點，能不能成交就要看買進指令設定的價格留有多大的「保險」餘地。

　　第三個辦法。當市場向上突破12月3日的高點2824，再創新高時，必須以此作為最後的買進機會，果斷進場。12月4日的最高價為2900、開盤價為2783、收盤價為2899、最低價為2772，是一個強勢上漲的日子，形成一根長陽線（見圖3-34c）。

快速上漲或下跌的動態百分比回調線

百分比回調線是依據代表性歷史高低點計算得來，屬於人為估算，不能和歷史事實相提並論。我們可以將百分比回調線看作一把尺，用來衡量趨勢力度，也可以運用50%回調線作為進場參考點。但在本質上，百分比回調線是主觀的看法，在得到市場證實之前，並沒有多大價值。

趨勢是活生生的現實，充滿活力，充滿變化。當趨勢形成後，與其計算百分比回調線，不如在市場突破時順著趨勢立即行動。想用固定的百分比回調線，框住不停演變的市場行情，不但沒用，反而可能框住自己的腦袋。

圖3-35a、圖3-35b（見168頁）、圖3-35c（見169頁）描繪的是一段生氣勃勃的牛市行情，在這樣強有力的行情中採取百分比回調線，就彷彿刻舟求劍——船上的刻痕沒變，可是船的位置已經改變。

從這3張圖，我們可以總結出兩大教訓。第一個教訓是，一定要以事實為依歸，以行動順應事實，不可用想像替代現實。只要市場漲得比較久、比較多，就會有「明智」的人跳出來，警告將要反轉、見頂，這是對現存的趨勢視而不見，用自己的臆測替代事實。從這3張圖來看，事實是隨著趨勢發展，市場回調的百分比越來越小，表明趨勢力度越來越強。

第二個教訓是，一定要以趨勢為依歸，抓大放小，持有正確的倉位比操作時機的精準更加重要。在大牛市行情中，最重要的是持有多頭，而不是以精準的進場點持有多頭。如果將注意力放在如何漂亮地進出場，反而忽略大牛市，那就是因小失大了。

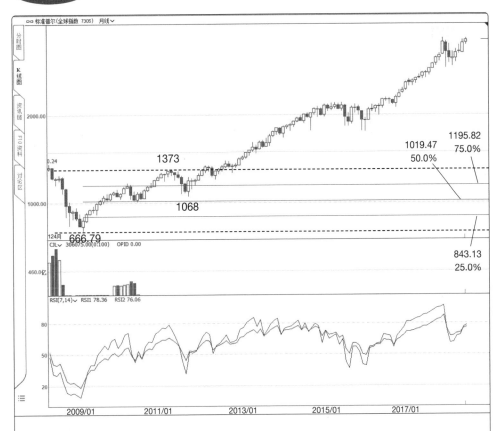

圖3-35a 標準普爾月線圖（2008年5月～2018年8月17日）

⬆ 行情處在大牛市中，若我們採用百分比回調線來選擇進場點，從2009年3月的666點開始，到2011年5月的高點1373為止，其50%回調線在1019點。之後，2011年10月的低點為1068，比50%回調線高出近50點，顯然難以達成買進的目的。

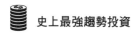

圖3-35b 標準普爾月線圖（2008年5月～2018年8月17日）

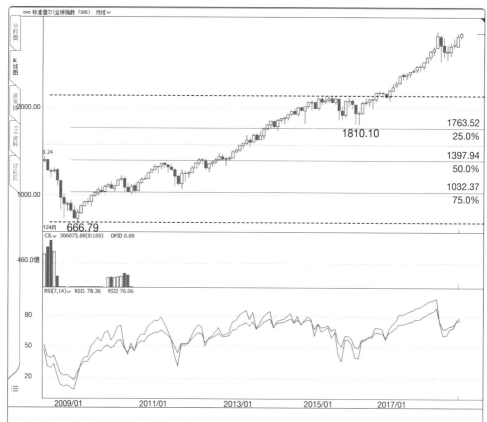

⬆ 從2009年3月的低點666開始，到2015年5月的高點2134為止，市場一路上衝。如果一味堅持要等市場回落到50%回調線再行動，恐怕完全沒有機會買進。事實上，此時連25%回調線也不能作為買進標準，因為2016年2月的低點為1804，比25%回調線的1763點還要高將近40點。

圖3-35c　標準普爾月線圖（2008年5月～2018年8月17日）

↑ 從2009年3月的低點666開始，到2018年1月的高點2872為止，如果要以50％回調線或25％回調線為目標買進價，恐怕會一直失望。在這樣的牛市行情裡，用百分比回調線來判斷是否買進，是來不及的。在上述高點之後，下一個月的低點是2529，這是往後7個月之內的最低點，明顯高出25％回調線的2320點。

3-5 【價格跳空】逢缺必補？我認為這是誤解，理由是……

價格跳空的定義

在週間工作日，市場交易有足夠的時間和機會去消化各種買賣行為。因此，今天的開盤價與昨日的收盤價一般不會差距太大，價格行情的變化較為連續。

有時候，前一日收盤到後一日開盤之間發生重大事件，使得開盤價與前一日的收盤價相差較大。有時候，即使並未發生重大新聞，也會出現價格差距。這些情況代表，市場的日常變化已不足以表達市場參與者的情緒改變，以至於必須透過價格跳躍，來表達新的共識。

不論是重大的新聞事件，或是市場參與者情緒的變動，都會使市場發生不同尋常的跳躍性變化，即價格跳空。

嚴格地說，價格跳空是指，前後兩根K線之間沒有任何重疊，即兩根K線的極端點（高低點）之間有明顯差距，兩個時間單位內的行情沒有任何重疊，表明兩根K線的價格演變不連續。在交易中，價格跳空也常常被稱為「缺口」，是相當重要的技術分析訊號。

如果前後兩根K線的影線重疊，僅實體之間有差距，則不符合嚴格意義上的價格跳空，但是仍可以提供類似的技術線索，只是技術意義比較弱（見圖3-36）。

> **圖3-36**　價格跳空的情形

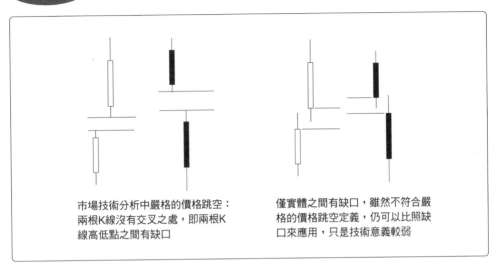

市場技術分析中嚴格的價格跳空：
兩根K線沒有交叉之處，即兩根K
線高低點之間有缺口

僅實體之間有缺口，雖然不符合嚴
格的價格跳空定義，仍可以比照缺
口來應用，只是技術意義較弱

價格跳空的 3 種類型

　　圖3-37（見172頁）展示趨勢演變過程中，可能出現的價格跳空情形。根據傳統的西方技術分析理論，價格跳空大致可以分為3種類型：突破跳空、中繼跳空和衰竭跳空。

　　突破跳空發生在趨勢演變的第一階段結束時，屬於突破訊號。如同價格水平的突破訊號，如果價格跳空同時突破重要價格水平或趨勢線，並且符合趨勢方向，那麼這個訊號就更有分量。

　　中繼跳空發生在趨勢的第二階段結束時，通常也屬於突破訊號。也就是說，如果突破訊號以價格跳空的形式出現，便可以確認趨勢的第二階段結束、第三階段開始。

　　衰竭跳空發生在原趨勢第三階段結束、新趨勢第一階段開始時。此時，順趨勢方向的行情已經延伸過長，其間的波動過少、波動幅度過小，最終市場不僅沒有進入盤整，反而順趨勢方向進一步跳空。這很可能是新趨勢以退為進的伎倆，預示著當前趨勢的終結、新趨勢的到來。

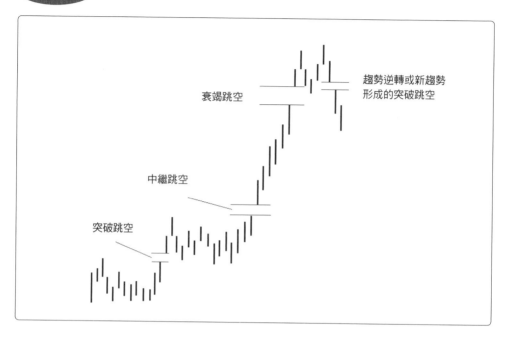

圖3-37　　價格跳空的3種類型

衰竭跳空

趨勢逆轉或新趨勢
形成的突破跳空

中繼跳空

突破跳空

在圖3-38a中，左側標記第一個跳空的前一天是2015年3月16日，開盤價為3391、低點為3377、高點為3449、收盤價為3449，這一天正好是市場向上突破歷史重要高點3406的大日子。從此之後，市場進入強有力的牛市行情，向上跳空隨處可見，向下跳空則難得一見。

2015年6月12日，市場達到高點5178。之後出現第一個向下跳空時，發出重要警告訊號，其後的陰線明確向下突破雙重頂形態的頸線，更加重警告意味。接著是第二個向下跳空，之後的第四天向上回補失敗，基本上可以判斷牛市將要結束。最後是第三個向下跳空，驗證牛市行情終結。

逢缺口必補嗎？

市場上有一句陳詞濫調，就是「逢缺口必補」，這是對缺口的一種嚴重誤解。出現價格跳空（缺口）時，市場的情緒十分急切，不可能有心情回頭

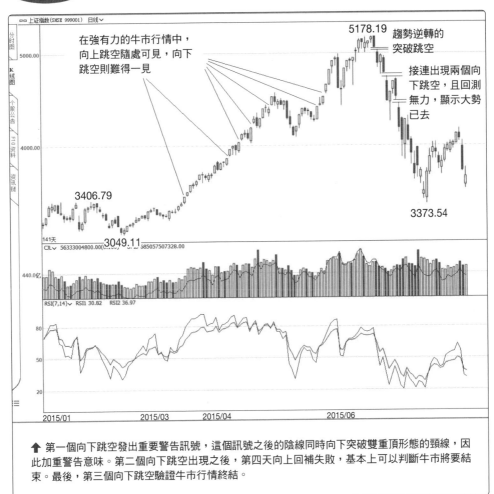

圖3-38a　上證指數日線圖（2014年12月30日～2015年7月28日）

⬆ 第一個向下跳空發出重要警告訊號，這個訊號之後的陰線同時向下突破雙重頂形態的頸線，因此加重警告意味。第二個向下跳空出現之後，第四天向上回補失敗，基本上可以判斷牛市將要結束。最後，第三個向下跳空驗證牛市行情終結。

填補缺口。因此，市場越是無力回到價格跳空附近，其技術意義越是顯著。如果市場回頭填補價格跳空，則意味著價格跳空原本沒有必要，其技術意義也就打折扣。

　　圖3-38a中，上升趨勢向下逆轉之後，接連形成3個向下跳空。在第一個跳空之後，沒有發生任何反彈的嘗試，顯得這個跳空十分急切。在第二個跳

圖3-38b 　上證指數分時圖（2015年6月25日）

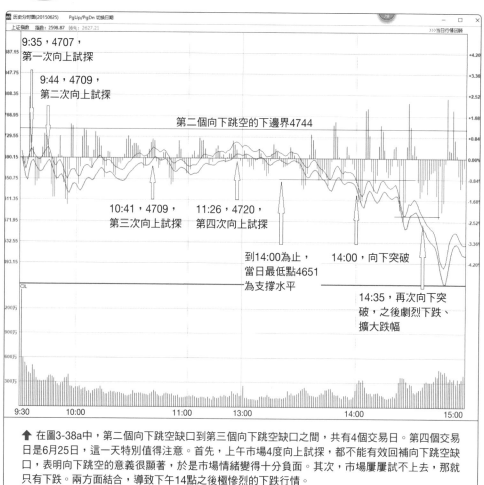

┃　在圖3-38a中，第二個向下跳空缺口到第三個向下跳空缺口之間，共有4個交易日。第四個交易日是6月25日，這一天特別值得注意。首先，上午市場4度向上試探，都不能有效回補向下跳空缺口，表明向下跳空的意義很顯著，於是市場情緒變得十分負面。其次，市場屢屢試不上去，那就只有下跌。兩方面結合，導致下午14點之後極慘烈的下跌行情。

空之後，市場花了4個交易日在其下方掙扎，第四天一度接近跳空的下邊界，但是無力回填。第三個跳空之後，市場再次急速下滑，迅速遠離跳空缺口。3次都顯示出市場向下跳空的急迫心情，形成一連串強有力的技術分析訊號。

　　第二個向下跳空形成於2015年6月18日～19日之間。6月18日的最低價

4780是向下跳空的上邊界，6月19日最高價4744是向下跳空的下邊界。

從第二個向下跳空缺口到第三個向下跳空缺口之間，共有4個交易日。第一個交易日是6月19日；第二個交易日是6月23日，市場當日大幅下挫，後來快速拉高，形成帶有長下影線的陽線；第三個交易日是6月24日，是一根光頭常規陽線，最高價4691尚未觸及跳空缺口的下邊界；第四個交易日是6月25日，這一天值得特別注意。

圖3-38b是6月25日的分時圖。當日開盤後，市場似乎很有希望向上試探跳空的下邊界4744點。9:35，市場第一次向上試探，最高點為4707。9:44，第二次向上試探，最高點為4709。10:41，第三次向上試探，最高點為4709。11:26，第四次向上試探，最高點為4720。

在上午兩個小時的交易時段裡，市場4度努力回升，似乎耗盡力氣，最後終於明白這個缺口回補不了，向下跳空很有必要、很有意義。

前文曾經交代，行情是試出來的。試得下去，當然要跌下去；如果屢屢試不上去，那麼也要跌下去。市場在上午向上試了4次，都不能達到4744點的下邊界，於是下午恐怕要跌下去。當日的最低點4651一直發揮支撐作用，直到14:00終於被向下突破，隨後行情雖有反彈，但是4651點已經轉化為壓力水平，幾次掙扎未果之後，大趨勢進一步惡化。14:35，市場再次向下突破，之後劇烈下跌，勢如破竹。

6月25日的下跌影響超越了當日行情的範圍。在6月25日～26日之間，出現第三個向下跳空。26日之後再未出現任何向上回填缺口的蛛絲馬跡，26日這天長陰線的中間點，已經足以壓制任何向上反彈的嘗試。

在2015年的股災中，揭示趨勢反轉的技術分析訊號並不多，而向下跳空是最重要且及時的線索。

價格跳空提供的3點線索

幾乎每個價格跳空都是行情關鍵點，它們提供了3點線索：跳空方向和兩條邊界線（包括跳空幅度）（見176頁圖3-39）。

第一，跳空方向是向上或向下。一般來說，向上表示行情強勢，向下表示行情弱勢。但是在趨勢第三階段的末段，價格跳空反而透露出行情已經進

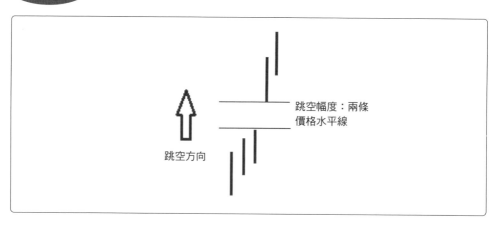

圖3-39　價格跳空提供的線索

入極端狀態，很可能正在醞釀另一個方向的趨勢，具有反向含義。

　　第二和第三，價格跳空有兩條邊界線，相當於兩條價格水平線或一個價格水平區域。兩條價格水平線的間距便是價格跳空的幅度，其幅度越大，技術意義越強。

　　據說投資大師詹姆斯·西蒙斯（James Simons）的大獎章基金（Medallion Fund），曾用一個模型統計各種市場的價格跳空，每當跳空發生便立刻反向交易，竟然能夠獲利。如果屬實，這就意味著價格跳空往往是跳得過多。當然，西蒙斯並不是等待市場填補缺口，而是在反向交易後見好就收，快進快出。

價格跳空後的5種市場表現

　　行情是試探出來的，而試探是一串連續的過程；然而，價格跳空總是突然出現，留下明顯的行情空白，既不是連續，也未經試探。既然是突然出現，那麼究竟跳得準嗎？有沒有跳多了，或是跳少了？

　　要回答這個問題，唯一的辦法還是試探。

　　價格跳空出現後，可能發生5種行情變化（見圖3-40a），其中，前4種基本上順著價格跳空的方向，第五種則是與跳空方向完全相反。

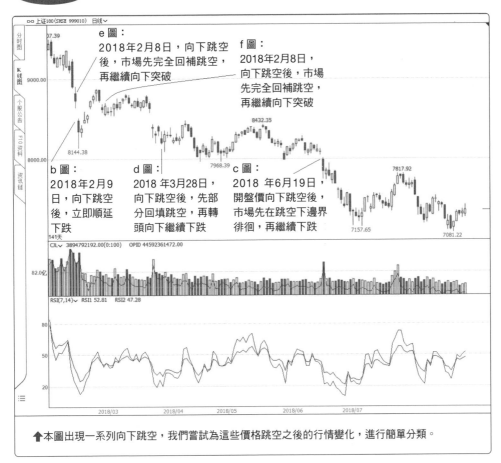

圖3-40a　上證180指數日線圖（2018年12月6日～8月24日）

↑本圖出現一系列向下跳空，我們嘗試為這些價格跳空之後的行情變化，進行簡單分類。

1. 跳空後，立即順著跳空的方向繼續運行（見圖 3-40b）。

　　這種情況較為少見，因為價格跳空已經足以表達市場的急切心情。跳空之後迫在眉睫的任務，是試探當前的跳空距離是否適度，而不是立即繼續順著跳空方向延伸。

　　圖3-40b（見178頁）是上證180指數2018年2月9日的分時圖。當日開盤價與前一日的收盤價之間，出現顯著的向下跳空，並且在開盤後馬上繼續下跌，也就是向下跳空繼續延伸。這種情況既可能表明行情十分悲觀，將會繼

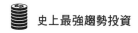
圖3-40b　上證180指數分時圖（2018年2月9日）

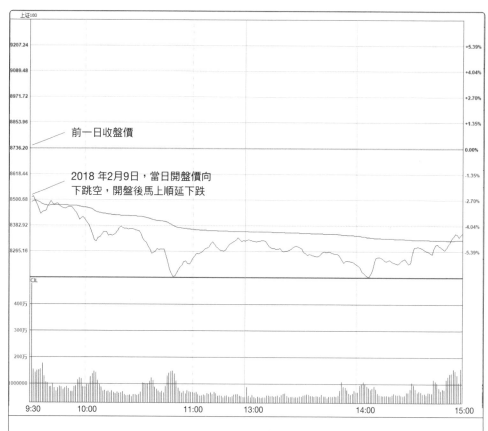

前一日收盤價

2018 年2月9日，當日開盤價向
下跳空，開盤後馬上順延下跌

↑ 本圖對應圖3-40a中2月9日的日線，當日開盤價與前一日的收盤價之間出現明顯向下跳空。不僅如此，當日開盤後市場馬上下跌，順著跳空方向延伸。這種情況較少見。

續下跌，也可能表明市場已進入較為極端狀態，所以下跌得太快。

　　當日行情留下長長的下影線，形成一個顯著低點。之後，進入長達一個多月的橫向盤整行情，始終遠離這個低點。

2. 跳空後沿著跳空的下邊界（或上邊界）徘徊，強勢盤整後，再順著跳空方向延伸（見圖 3-40c）。

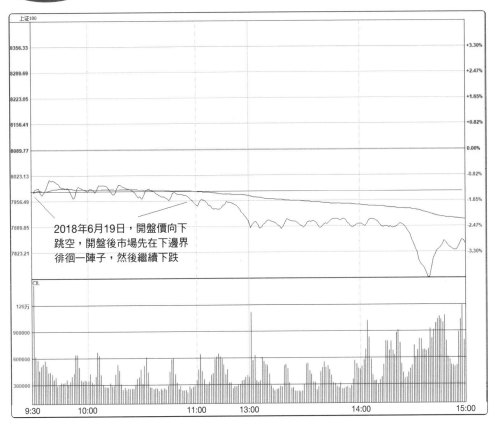

圖3-40c　上證180指數分時圖（2018年6月19日）

2018年6月19日，開盤價向下跳空，開盤後市場先在下邊界徘徊一陣子，然後繼續下跌

這種情況較為多見。價格跳空後，市場不急於順著跳空的方向延伸，而是在跳空的下邊界（或上邊界）徘徊，這個徘徊過程便是在試探跳空是否適度。經過一段時間的試探後，證明跳空合理，此時市場繼續順向延伸，就顯得比較從容、順理成章。

圖3-40c是上證180指數2018年6月19日的分時圖。開盤價向下跳空後，市場不急於順向延伸，而是先在下邊界摸索一陣子，確認跳空合理後，再繼續向下延伸。這樣的做法似乎比較穩健，因為不僅在當日，之後連續多日的下降趨勢也都順利展開。

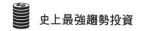

圖3-40d 上證180指數分時圖（2018年3月28日）

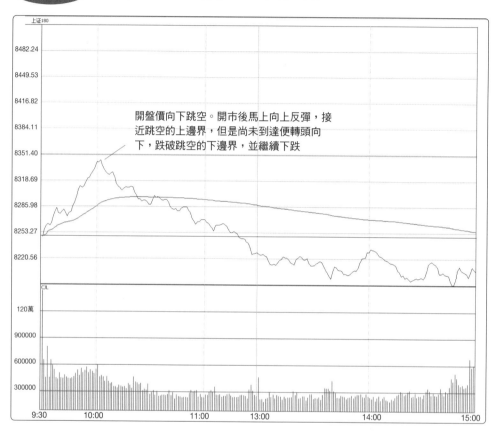

開盤價向下跳空。開市後馬上向上反彈，接
近跳空的上邊界，但是尚未到達便轉頭向
下，跌破跳空的下邊界，並繼續下跌

3. 跳空後立即折返，部分填補跳空，然後轉頭順著跳空方向延伸（見圖
3-40d）。

　　這種情況也比較多見。價格跳空後，市場透過回填部分跳空，試探跳空
的合理性，回填的部分可多可少。

　　圖3-40d是上證180指數2018年3月28日的分時圖。當日開盤價向下跳
空，開盤後立即向上反彈，回填跳空。此處回填的幅度較大，接近向下跳空
的上邊界，但是沒有填滿（嚴格來說，應該以前一日的最低價作為跳空上邊
界。本圖的「跳空」只看實體）。然後，市場反轉向下，跌破跳空的下邊
界，再繼續下跌。

圖3-40e　上證180指數分時圖（2018年2月8日）

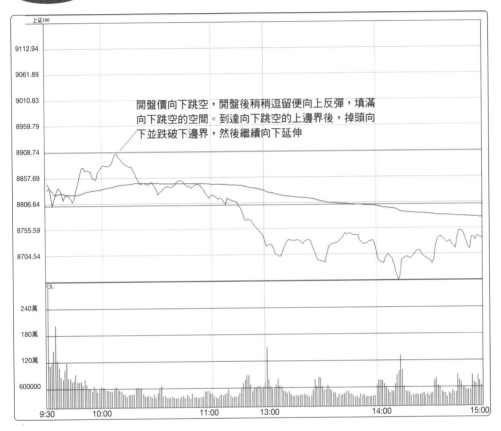

開盤價向下跳空，開盤後稍稍逗留便向上反彈，填滿
向下跳空的空間。到達向下跳空的上邊界後，掉頭向
下並跌破下邊界，然後繼續向下延伸

**4. 跳空後立即（或沿邊界徘徊後）折返，完全填補跳空，但不能有效地突破
另一側邊界線，之後轉頭順著跳空方向延伸（見圖 3-40e）。**

　　這種情況比較多見。跳空發生後，市場返回跳空區間，到達另一側邊界
線，有時也可能稍稍超過該邊界線，但是無法有效地突破。不久後，市場掉
頭，重新沿著價格跳空的方向延伸。在這過程中，市場回頭重新試探跳空區
間，確認它的合理性之後，才繼續展開行情。

　　圖3-40e是上證180指數2018年2月8日的分時圖。開盤價向下跳空，開盤
後市場稍事徘徊，然後向上反彈，一路到達跳空的上邊界。遭到上邊界的壓
力後，掉頭向下並跌破跳空的下邊界，然後繼續向下突破。

圖3-40f 上證180指數分時圖（2018年3月1日）

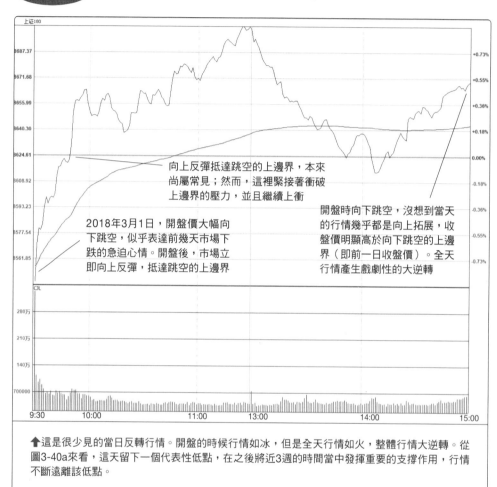

向上反彈抵達跳空的上邊界，本來尚屬常見；然而，這裡緊接著衝破上邊界的壓力，並且繼續上衝

2018年3月1日，開盤價大幅向下跳空，似乎表達前幾天市場下跌的急迫心情。開盤後，市場立即向上反彈，抵達跳空的上邊界

開盤時向下跳空，沒想到當天的行情幾乎都是向上拓展，收盤價明顯高於向下跳空的上邊界（即前一日收盤價）。全天行情產生戲劇性的大逆轉

↑這是很少見的當日反轉行情。開盤的時候行情如冰，但是全天行情如火，整體行情大逆轉。從圖3-40a來看，這天留下一個代表性低點，在之後將近3週的時間當中發揮重要的支撐作用，行情不斷遠離該低點。

5. 跳空後立即（或沿邊界徘徊後）返回跳空區間，填補跳空區間後，沿著跳空的反方向繼續前進，形成大反轉（見圖 3-40f）。

這種情況極為少見，屬於市場劇烈反轉的行情。市場在開盤時沿著既定的趨勢方向跳空，然後立即（或沿著跳空邊界徘徊後）返回跳空區間，到達另一側的邊界線。到此為止，都屬於前面介紹的回填動作，還算是正常。然而，接下來才是真正的好戲——市場沒有形成預期中的折返，反而衝破該邊

界線，繼續沿著與價格跳空相反的方向發展，當天的收盤價一般會明顯高於該邊界線。

如此一來，這一天的行情簡直是大逆轉。早晨開盤時才用價格跳空表達趨勢的急迫發展，沒想到當天的行情竟然朝著反方向發展，與開盤時的調性完全相反。這樣的大逆轉往往會形成代表性歷史高點或低點，並在今後的一段時間內，發揮重要的支撐作用或壓力作用。

圖3-40f是上證180指數2018年3月1日的分時圖。開盤價明顯開低，顯得相當悲觀。開盤後市場立刻快速上漲，完全回填跳空。但是，市場沒有滿足於填滿跳空，而是在衝破跳空的上邊界之後，繼續快速上升。後來，雖然當日在高位有震盪，但是收盤價較高，全日行情幾乎是以上漲為基調，與開盤價的向下跳空截然相反。從圖3-40a來看，當日行情低點在之後大約3週的時間裡，一直發揮重要的支撐作用。

開盤跳空的交易策略

正如圖3-40的一系列圖例所示，價格跳空在開盤時已經形成，是當日交易的最初線索——跳空方向和兩條邊界線。價格跳空的方向通常與既定趨勢相同，兩條邊界線可以當作重要的價格水平線（見184頁圖3-41）。

一般來說，投資者可以選擇在市場回補跳空時，順著趨勢方向逢高賣出或逢低買進。如果市場回補跳空之後，朝著跳空的相反方向發展，則應該停損。

相當於中繼跳空的長陰線或長陽線

價格跳空主要適用於不連續交易的市場，在前一時段的收盤和後一時段開盤之間，市場暫停交易，市場參與者可以冷靜下來反思前一段交易。這表示，價格跳空出現在市場冷靜思考之後，其意義當然比較重要。

很多市場在全球24小時連續交易，沒有前一時段收盤和後一時段開盤之間的冷靜期。外匯交易基本上是全球24小時交易，不存在日線之間的空檔，但是有週末的空檔。美國股市、日本股市的期貨市場是全球24小時不間斷交

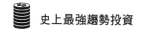
圖3-41　上證指數日線圖（2017年12月28日～2018年8月30日）

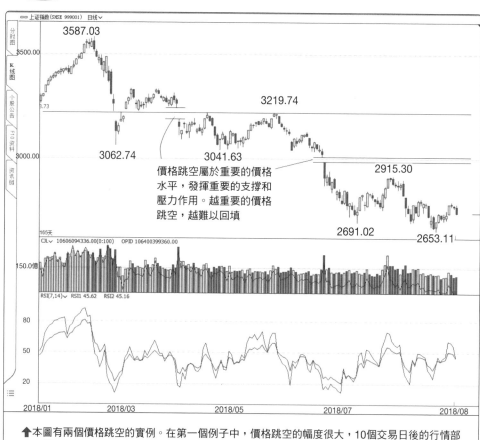

↑本圖有兩個價格跳空的實例。在第一個例子中，價格跳空的幅度很大，10個交易日後的行情部分回補這個跳空。在這個跳空裡面包含一條價格水平線，長期發揮支撐和壓力作用，由此可知，價格跳空和價格水平有異曲同工之妙。而且，當價格跳空和價格水平同時存在，技術分析訊號的含意更重。在第二個例子中，跳空完全沒有回補，之後的行情遠離該缺口。

易，雖然也有開盤、收盤，並且經常出現跳空，但那是為了彌補休市期間期貨行情連續演變所造成的差異，並沒有一般價格跳空的意義。

國內股市通常在每週5個工作日的規定時段內交易，日K線、週K線、月K線等等，都存在有意義的價格跳空。

理論上，當市場24小時連續交易，會有充分的機會來演變行情，無須發

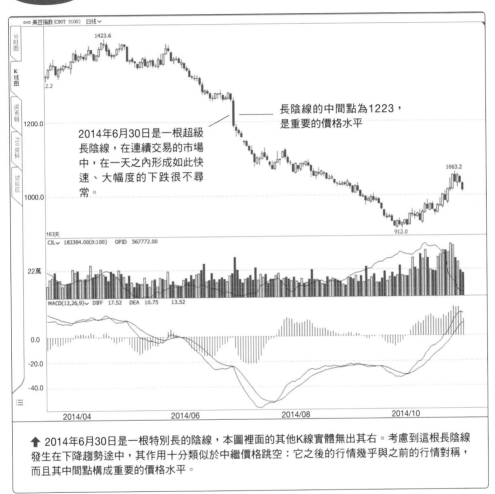

圖3-42a　美豆指數日線圖（2014年3月17日～2014年11月4日）

長陰線的中間點為1223，
是重要的價格水平

2014年6月30日是一根超級長陰線，在連續交易的市場中，在一天之內形成如此快速、大幅度的下跌很不尋常。

↑ 2014年6月30日是一根特別長的陰線，本圖裡面的其他K線實體無出其右。考慮到這根長陰線發生在下降趨勢途中，其作用十分類似於中繼價格跳空：它之後的行情幾乎與之前的行情對稱，而且其中間點構成重要的價格水平。

生價格跳空。但是，如果在市場可以從容演變的條件下，出現長陰線或長陽線，其實就類似於中繼跳空。這有兩點值得特別注意（見圖3-42a）。

　　首先，中繼跳空處在明顯趨勢演進路徑的中點附近，前後行情傾向形成一定的對稱性。其次，中繼跳空往往構成重要的價格水平，在後續行情演變的過程中發揮支撐或壓力作用（見圖3-42b）。

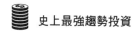

圖3-42b 美豆指數週線圖（2014年4月12日～2018年8月31日）

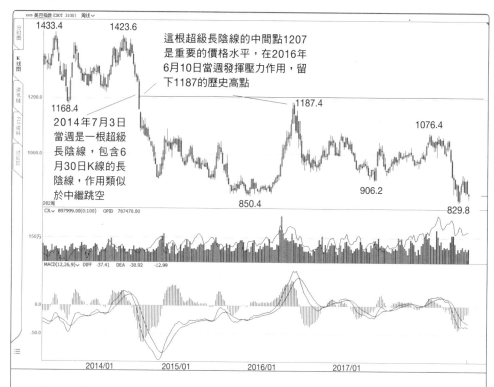

↑ 圖3-42a當中，2014年6月30日的長陰線，包含在2014年7月3日的一週裡。日線圖上的分析方法同樣適用於週線圖。這根週線實體的長度在本圖同樣數一數二，也處於下降趨勢中，因此其作用也類似於中繼跳空：其前後的下降趨勢演變過程幾乎對稱，而且其中間點1207構成重要的價格水平。之後在2016年6月10日當週，市場曾經觸及最高點1187，但是受到上述價格水平的壓力作用而折返。

| 第 4 章 |

掌握順勢交易的祕技，
你每次下單都賺錢

4-1 趨勢方向最關鍵，牢記3個重點才能看清市場全局

與投資交易相關的問題很多，試著列舉如下。

◆什麼標的最適合交易？

◆做多還是做空？

◆投入多少金額？

◆要分筆投入，還是一次性投入？

◆在什麼時機操作？

◆如果盈利了，下一步怎麼辦？如果虧損了，下一步怎麼辦？

更核心的問題是，以上這些問題全部都一樣重要，還是有必須優先考量的項目呢？要回答這個問題，不妨換一個思路。

假設我們要從甲地前往乙地，應該坐車還是騎馬？要帶多少行李？要考慮的問題很多，但唯有一件事情最重要——方向。只要方向正確，其他問題總有辦法解決，最終總能抵達目的地；若方向不正確，不論其他問題解決得多好，也無法到達目的地。這印證「方向比速度重要，選擇比努力重要」的道理。

毫無疑問，在投資交易的問題上，唯有趨勢方向最關鍵。一旦能掌握趨勢方向，其他問題就有解決的希望。本節的目的是提出在掌握趨勢方向時，應注意的3個重點。

1・判斷趨勢須保持直覺和單純

市場屬於大眾，行情被大眾驅動，所以市場行情必然順應大多數市場參與者的觀察能力。曲高和寡的市場走勢註定不能持久，大多數人喜聞樂見的市場走勢才有活力。

既然市場是大眾的，那麼行情趨勢便是直覺的，不需要仔細搜尋，也不需要用放大鏡觀察。只須靜下心來，行情趨勢便能一目了然。

因此，判斷趨勢要單純，要直接。

看價格越來越高，漲就是漲。

看價格越來越低，跌就是跌。

看價格膠著不動，停就是停。

學習投資理論、方法和技巧，目的是加強投資者對市場的感受能力，排除期望、恐懼、貪婪等有害心理因素的干擾，養成嚴守紀律的投資行為模式，心態平和地當做則做、當止則止。

這道理如同品酒師在品酒時，一定要保持心情平靜、口腔清淨，才能充分發揮感受器官的功能，讓嗅覺與味覺更靈敏、更強大。因此，品酒師在品酒之前，絕不會吃大蒜、大蔥或是其他味道濃烈的香料。

投資者在操作交易時，也一定要保持頭腦清靜，才能充分發揮對市場的敏銳度，而不是用人為的理論、方法、技巧，來干擾自己對市場行情的基本感受能力。

2・圖表是死的，行情是活的

本書的圖表都是經過仔細挑選，目的是說明作者想表達的道理。圖表一旦選出來，就成為靜態的靶子——除非讀者拿著書對照行情軟體，繼續追蹤圖表的後續行情。

讀者必須了解，圖表是靶子，是死的；行情是兔子，是活的。真功夫不在於看到靶子，而在於打到兔子。

來看一個例子，以下是針對矩形形態底部反轉的經典分析。圖4-1a（見190頁）左半側有一個明顯的下降趨勢，低點A和高點B發生在同一個交易

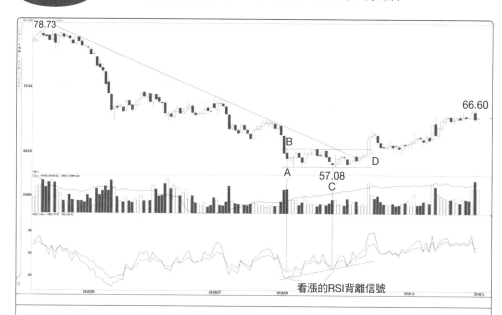

圖4-1a 美棉花指數日線圖（2019年4月4日～2019年11月1日）

↑ 下降趨勢從4月底延續到9月初，2019年8月5日的最低點 A（57.73）和最高點 B（60.56）定義了之後一個多月的矩形形態。C點（8月26日）是一根錘子線，起先向下突破矩形下邊界，但當日就向上反彈，最終收盤價回到矩形區間內部，形成假突破訊號。之後市場波幅逐步收窄，直至在 D點（9月12日）向上突破，趨勢反轉。

日，市場從這天開始進入矩形形態，在之後的一個多月裡，沒有其他交易日向上超越B點。我們針對這張圖，做出以下5點觀察。

（1）在矩形形態中，僅有交易日C曾經在當天短暫向下突破低點A，但是收盤之前便反彈回升，當日形成一根錘子線，構成假突破訊號，進一步加強了錘子線的看漲意味。

（2）A點的RSI指標低於20，處於超賣狀態；C點的RSI值明顯高於A點的RSI值，兩者組成RSI指標的看漲背離訊號。

（3）C點的錘子線之後，日線圖的波動幅度逐步收窄，符合典型的底部形態特徵。

（4）D點向上突破矩形形態的上邊界，底部形態完成。

圖4-1b　美棉花指數分時圖（2019年8月26日）

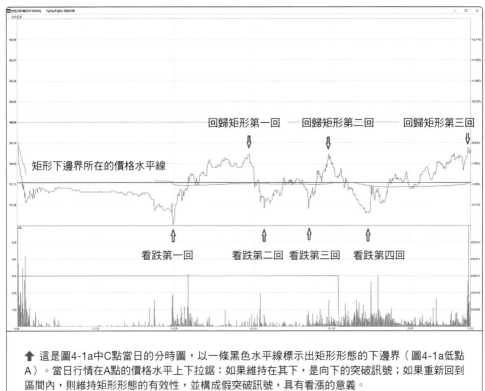

回歸矩形第一回　　回歸矩形第二回　　回歸矩形第三回

矩形下邊界所在的價格水平線

看跌第一回　　看跌第二回　看跌第三回　看跌第四回

➤ 這是圖4-1a中C點當日的分時圖，以一條黑色水平線標示出矩形形態的下邊界（圖4-1a低點A）。當日行情在A點的價格水平上下拉鋸：如果維持在其下，是向下的突破訊號；如果重新回到區間內，則維持矩形形態的有效性，並構成假突破訊號，具有看漲的意義。

（5）D點的成交量大幅放大，驗證向上突破訊號。

　　然而，矩形形態之後行情繼續演變，形態成為既成事實，這是死的靶子。在矩形形態的演變過程中，即行情發生的當下，存在著各種不確定性和可能性，那才是活的兔子。在這個例子中，投資者應該捕捉的典型兔子發生在C點。

　　C點是2019年8月26日，圖4-1b是當日的分時圖，開盤價低於前一日收盤價，然後價格迅速下滑，很快就跌破矩形下邊界所在的價格水平線。從向下突破開始，直到圖中「看跌第一回」箭頭所指的低點為止，市場始終維持在這條水平線之下。

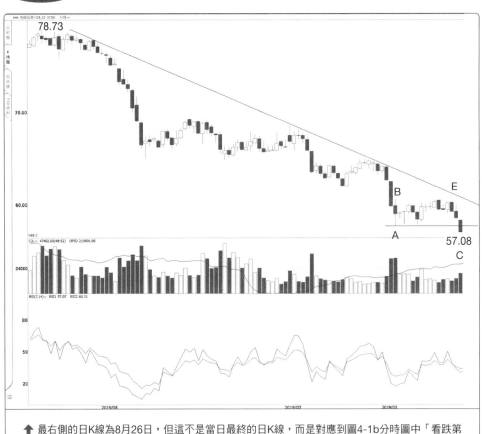

圖4-1c 美棉花指數日線圖（2019年4月4日～2019年8月26日）

⬆ 最右側的日K線為8月26日，但這不是當日最終的日K線，而是對應到圖4-1b分時圖中「看跌第一回」箭頭所指的時間。在「看跌第二回」、「看跌第三回」、「看跌第四回」，當日K線形狀與本圖相似，只是稍帶一點點下影線而已。

隨著分時圖一步一步向前推進，當日的日線圖也不斷改變形狀，發出不同的技術訊號。

圖4-1c日線圖其實和圖4-1a一樣，只是包含的時間跨度比較短。圖4-1a涵蓋了8月26日的收盤，以及之後的兩個多月的行情，因此在看圖4-1a的時候，會覺得一切都很明確、毫無懸念；事實上，這是事後諸葛的結果。

為了消除後市行情走勢的暗示，回到行情當下的場景，找回現場感，我

們特意將8月26日之後的行情裁去，製作出圖4-1c，其行情涵蓋至圖4-1b「看跌第一回」箭頭所指之處；還有圖4-1d（見194頁），其行情涵蓋至「回歸矩形第一回」箭頭所指之處。

從這兩張圖中可以看到，作為行情現場的8月26日，其日K線隨著分時圖的演進不斷改變形狀，並在過程中發出性質不同的訊號。

首先，在圖4-1c中，當8月26日行情發展到「看跌第一回」箭頭所指之處，到達當日的最低點，且明顯低於矩形下邊界的價格水平線。我們針對這張圖做出兩點觀察。

（1）自4月以來的下降趨勢線維持完好。不僅如此，E點的行情高點未能觸及下降趨勢線，更表明行情疲軟。

（2）市場明顯跌破低點A。

根據上述分析，如果單看圖4-1c，很可能以為這是下降趨勢的正常延續，趨勢明朗並進一步持續發展。如果已經持有空頭倉位，不妨繼續持有，甚至還可以加碼；如果持有多頭倉位，現在應該停損，甚至反手做空。

再來看圖4-1d，當8月26日行情發展到「回歸矩形第一回」箭頭所指之處，到達當日最高點，且明顯高於矩形下邊界的價格水平線。我們針對這張圖，做出4點觀察。

（1）自4月以來的下降趨勢線維持完好。不僅如此，E點的行情高點未能觸及下降趨勢線，更表明行情疲軟。

（2）雖然市場一度跌破低點A，現在重回到A點之上。這可能構成假突破訊號，有利於形成底部。

（3）當日K線可能形成錘子線，這是另一個反轉訊號。

（4）低位矩形形態保持完好，未來趨勢方向不確定。

在上述分析中，（1）與（2）、（3）的結論相反，反映出趨勢尚未明朗，並且原來的趨勢有可能發生變化。如果已經持有空頭倉位，不妨繼續持有，但是顯然不宜加碼；如果持有多頭倉位，不妨繼續觀察，看看矩形形態如何發展。

回到8月26日的分時圖4-1b，我們經歷了順水推舟的「看跌第一回」，並根據這時候的日線圖4-1c繼續看跌。之後，經過驚心動魄的「回歸矩形第一回」，看空的人感覺煮熟的鴨子飛了。然後，再經過「看跌第二回」、

圖4-1d　美棉花指數日線圖（2019年4月4日～2019年8月26日）

↑ 本圖對應到圖4-1b「回歸矩形第一回」箭頭所指之處，當時的市價與「回歸矩形第二回」、「回歸矩形第三回」（收盤價）處在同一水平上。事實上，當日K線在這3個時點的形狀大致相同。換言之，本圖與收盤後最終的日K線一致。

「看跌第三回」、「回歸矩形第二回」、「看跌第四回」、「回歸矩形第三回」的來回折騰。

　　之所以說「看跌第一回」順水推舟，是因為它符合當前趨勢，在意料之中。之所以說「回歸矩形第一回」驚心動魄，是因為它不符合當前趨勢，出乎意料。就這樣，當天行情在矩形形態的下邊界展開激烈波動，技術訊號一會兒這樣、一會兒那樣，令投資者在七上八下的心情中飽受磨煉。這就是活

生生的行情，不是死的靶子。

那麼，到了收盤的時候，是不是就能得出定論呢？並不能。後面的行情還未發生，所以總是存在不確定性，頂多只能判斷看漲的機率變大了，或是是看跌的機率變小了。

在此案例中，隨著矩形形態的演變，其持續時間越來越長、波動幅度越來越窄，於是看跌的可能性越來越小，看漲的可能性越來越大。直至最終向上突破，看漲的可能性占據絕對優勢。

既然兔子（行情）如此靈活多變，如何根據死的靶子（圖表）來追蹤活的兔子呢？常用的辦法是，既然兔子老是動來動去，乾脆等到它不動的時候再做打算；換言之，在觀察日線圖時，應根據收盤價下定論。

收盤時，分時行情已經塵埃落定，當沖交易者已經平倉了結，只留下相對長線的投資者繼續持倉，因此收盤價表達相對長期的市場看法。根據這種道理，投資者應在臨近收盤時做交易。

不過，這個方法是有風險的。如果當日行情只有單向變化，而且變化幅度大，那麼等到收盤時，錯過的價格幅度也比較大。另一種風險是，當日的收盤價並不算數，行情在接下來的幾個交易日繼續反覆，換言之，即使等到收盤，也不保證圖形一定是定局。

本書推薦的辦法如下。

第一，靶子雖然是死的，但是我們一定要從靶子入手，將靶子認識透徹，牢牢地打好基礎。在本例中，投資者心裡要明白圖4-1c和圖4-1d兩種情況的潛在可能性。

第二，一定要對市場的總體趨勢心中有數（見196頁圖4-1e）。

第三，要精通各種基本的技術分析方法，持續評估行情背後潛藏的多空力量對比。在出現單向大幅度變化時適當等待，同時繼續尋找可靠的技術線索，抓準時機果斷行動。換言之，打靶打到熟能生巧，就能打到兔子。

3・判斷趨勢須考慮每一種可能性

人們習慣將基本面消息分為利多或利空兩大類，兩者看似有明顯的區別，但是不論人們相信消息屬於利空或利多，行情總是既有可能上漲，也有

圖4-1e　美棉花指數月線圖（2010年2月～2019年11月4日）

⬆ 自2013年3月以來，市場在一個巨大矩形內運行，其上邊界有高點D、E、F、G，下邊界有低點A、B、C。低點A（57.75）發生在2015年1月，低點 B（54.44）發生在2016年2月，兩者之間的行情都位於矩形的下邊界附近。從這個巨大矩形來看，跌破57.75點只是進入矩形的下邊界，不能直接當作看跌訊號。換言之，圖4-1b的57.73價格水平線，不具有涇渭分明的技術意義。

可能下跌。舉例來說，中央銀行降息，一般被看作對股市利多，但市場的反應不一定總是上漲。

如果市場上漲，普遍的解釋是：降息減低了資金的機會成本，同時減低了企業的融資成本，對股市投資有利。

如果市場下跌，普遍的解釋是：因為宏觀經濟減速，才必須降息刺激，可見降息的幅度還不夠。或者說，宏觀經濟回落只是開頭的現象，後面還不好說。

如果市場沒有明顯變化，普遍的解釋是：宏觀經濟減速的情形尚不清楚，降息的刺激作用也是未知數。

由此可見，市場在理解資訊時，往往有多種選擇。最後答案是哪一種，唯有在行情實際發生後才能塵埃落定。換句話說，大多數市場訊息都可以有

相互矛盾的多種解讀，我們很難預先斷言何者為真。

正因為未來是不確定的，對市場的合理預期不應該只有一種，而應該是各種可能性的適當組合。

基本面分析有上述的困境，技術分析也一樣。在行情演變過程中，市場技術分析經常會同時得出相互矛盾的多種解讀。

一種情況是，價格形態同時具備看漲、看跌兩種可能性，例如：矩形、對稱三角形等。這類價格形態本身沒有傾向性，既可以充當延續形態，也可以充當反轉形態，很難從形態本身來預期未來市場的突破方向。

另一種情況更為複雜，根據同一個行情格局可以做不一樣的圖形分析，描繪出不同的價格形態，而且這些價格形態預告不同的、甚至是相互矛盾的前景。

下面討論的例子是納斯達克指數迷你期貨日線圖，同樣一張圖，在圖4-2a（見198頁）的分析是向上傾斜的楔形，具有較強的看跌意味；在圖4-2b（見199頁）的分析是上升三角形，具有較強的看漲意味。

如果投資者採用前者，意味著市場很可能處在滯漲狀態。雖然市場原本處在上升趨勢中，但是目前所創的新高幅度太小，顯得很勉強，表明後市下跌的機率比較大。

如果採用後者，意味著市場很可能處在強勢修正階段。市場原本處在上升趨勢中，最近發生的橫向延伸只是上升趨勢的正常盤整過程，現在行情向上突破上升三角形，上升趨勢恢復，行情將繼續上漲。

如果我們在半年後回來看這張圖，市場只能走出上述兩種情形當中的一種。然而，如果站在本圖最後的時刻展望未來，行情既有可能是前者，也有可能是後者。

前文曾經用鹿和老虎做比喻。獵人面對的既有可能是老虎，也有可能是鹿。從事後來看，結果必然是老虎，或者是鹿，絕對不可能既是老虎又是鹿。問題是未來是不確定的，因此在狩獵現場對付的目標，是各種可能性的混合體。

應用市場技術分析時，往往不會得出毫無分歧、非黑即白的結論。對獵人來說，重點不是事後的定論，而是在現場的觀察。市場技術分析雖然有分析二字，真正的重點卻不在分析，而是在投資交易的行動紀律。獵人必須拿

圖4-2a 納斯達克指數迷你期貨主日線圖（2018年12月21日～2019年11月5日）

⬆ 在歷史高點A點之後，市場進入橫盤階段。連接歷史高點A和B，可以得到上方的壓力線；在C點，市場表現躊躇，壓力線的作用得到初步驗證。連接歷史低點D、E，可以得到下方的支撐線；在F處，市場從支撐線向上反彈，表明支撐線有效；之後在低點G，支撐線再次發揮作用。在整體的上升趨勢中，壓力線和支撐線皆微微向上傾斜，兩者構成稍微向上的楔形，在此形態下，一般來說行情最終會向下突破。

　　捏分寸，在現實條件許可的範圍內，儘量全面考慮各種可能性，步步為營地迎向最終的真相。

　　理論上老虎是害、鹿是利，但是從現實角度來看，在我們的認知能力、環境條件的制約之下，利和害其實取決於獵人動態認知。在這個過程中，恰如其分地評估老虎和鹿的機率，才是最有利的做法。換言之，不是老虎有害，也不是鹿有利，而是獵人的分寸決定了利害，若偏離「恰如其分」，就是有害的。

　　如果我們偏向冒險，將眼前的標的當成鹿來看待，那麼錯把老虎看成鹿的機會將增大，被虎咬傷的風險上升。反之，如果我們偏向保守，將眼前標的當成老虎來看待，那麼錯把鹿看成老虎的機會將增大，一無所獲的風險同

圖4-2b　納斯達克指數迷你期貨主日線圖（2018年12月21日～2019年11月5日）

⬆ 在歷史高點A之後，市場進入橫盤階段。選擇最高點B和次高點L繪製出兩條水平線，兩線之間構成強有力的壓力區域，之後市場在M、N、R等處屢屢受挫，不能向上突破。連接歷史低點D、E，可以得到下方的支撐線，之後在F、G兩處得到驗證。上方的壓力線與下方的支撐線構成一個上升三角形，在此形態下，一般來說行情最終會向上突破。後來，市場果然在C處明顯向上突破，超越上述壓力區域。

樣上升。

　　在前景不明的時候，投資者應盡自己的能力所及，恰如其分地評估各種可能性，選擇機率較大的道路探索前進。一旦出現閃電般的訊號照亮道路，一定要查驗當初的選擇，或加碼，或停損，或反向操作，絕不允許模稜兩可、貽誤戰機。

　　在這個且戰且走的過程中，要注意兩個重點。首先，既然市場前景是各種可能性的組合，在判斷時就應考量各種不同的可能性，不可只知其一不知其二。這讓我們對各種情況都有一定的預期和準備，盡可能排除意外的風險。其次，一定要恰如其分地估計或分配各種可能性的機率。隨著行情演變，已知資訊不斷增加，針對各種可能性的估計也要動態調整。

圖4-2c 納斯達克指數迷你期貨主日線圖（2019年1月8日～2019年11月19日）

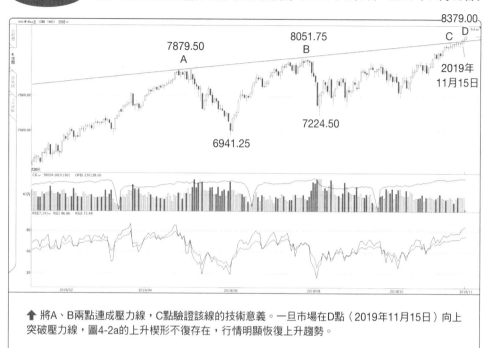

↑ 將A、B兩點連成壓力線，C點驗證該線的技術意義。一旦市場在D點（2019年11月15日）向上突破壓力線，圖4-2a的上升楔形不復存在，行情明顯恢復上升趨勢。

以圖4-2a和圖4-2b為例，考慮到橫盤階段之前的原有趨勢明確向上，而且無論長期、中期趨勢皆如此，在圖4-2a的歷史高點B被突破之前，也就是在圖4-2b的M、N、R點，兩種圖形的可能性平分秋色，大體上各占40%～50%。當歷史高點B被突破之後，即兩圖的C點，上升三角形的可能性占到60%～70%，楔形的可能性下降為20%～30%。

最後，市場終於選出明確的唯一趨勢方向。在圖4-2c中，A、B兩點連成的壓力線曾在C點多次發揮作用，市場停留在該線下方數日，前途未卜。然而，一旦在D點向上突破壓力線，則圖4-2a的楔形可能性基本上就破滅，於是圖4-2b的上升三角形成為主要的可能性。雖然不能排除意外的行情反覆，此時上升三角形的可能性約為80%～90%。這就是所謂閃電般照亮道路的訊號，投資者可以明確判斷上升趨勢恢復。

此時，投資者必須及時辨識市場的抉擇，並採取相應的措施。如果之前

做空，則必須買進停損，並進一步買進做多；如果之前沒有倉位，則必須建倉做多；如果之前做多，則可以繼續持有或加倉。

當然，無論在什麼情況下，特定一種走勢的可能性都不等於100%，因為市場上唯一不變的就是變化。事實上行情的歧路，會帶給投資者巨大危險。

危險一：不能全面判斷行情演變的各種可能性，只知其一，不知其二。要麼在實際情況已經改變後，仍然死守原本的看法，不知適時變通；要麼只抓住一個面向，不看全面的可能性，以至於另一種情況出現時，因為完全沒有心理準備而手足無措，或因為前期投入過多，導致損失太大而喪失靈活性。

危險二：雖然看到不同面向的可能性，但是在選擇其中一種可能性之後，即使市場走向另一種情形，仍然只相信對自己有利的市場資訊，對不利的資訊置之不理。雖然事實證明當初的選擇錯誤，投資者仍視之為暫時的現象，以為市場馬上就會重回正軌。這不僅只是操作錯誤，更是一廂情願，以想像代替了事實。

危險一主要來自知識和技能的不足，只要加以學習和磨練，便能大幅緩解這種危機。危險二則是與人的心理有關，俗話說「江山易改，本性難移」，除非投資者徹底改變心態，否則無法有效解決。

4-2 想成為追蹤趨勢的高手，你應當熟練5個操作要領

要領1：先從月線圖判定大趨勢方向

應用市場技術分析時，首要工作是判斷長期趨勢方向，為後續工作奠定良好基礎。月線圖簡繁得當，再搭配運用基本的趨勢分析工具，就足以判斷長期趨勢方向（見圖4-3和圖4-4）。

若長期趨勢為橫向延伸，可能會帶來較多困惑。一方面，大型橫向趨勢的波動幅度大、時間長，必須謹慎應對；另一方面，大型橫向趨勢的波動往往越來越淩亂、越來越收窄，加遽行情的不確定性。

圖4-5（見204頁）為倫敦金屬交易所3月銅合約的月線圖，展示一輪持續超過10年的橫向趨勢。開頭時，行情出現一段大幅、快速的上升趨勢，接著是一段大幅但速度稍慢的下降趨勢，之後行情波動幅度縮小，方向越來越難判斷。圖中的上升趨勢線和下降趨勢線構成一個巨大的三角形，展現出橫向趨勢的典型演變過程。

要領2：判定趨勢階段

趨勢演變通常表現為3個階段，每個階段都有自身的特點，投資者要在不同階段採取相應的行動。

在第一個階段，新趨勢初露端倪，重點是判斷並確認趨勢反轉訊號。在操作上，只能在確認反轉訊號之後小額嘗試，不宜在第一階段匆忙進場。圖4-6（見205頁）的右側展示一個上升趨勢，其第一階段是雙重底反轉形態。

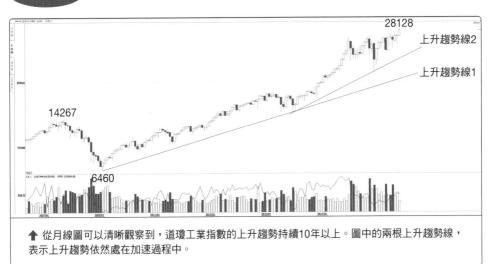

圖4-3　道瓊工業指數迷你期貨月線圖（2006年6月～2019年11月22日）

↑ 從月線圖可以清晰觀察到，道瓊工業指數的上升趨勢持續10年以上。圖中的兩根上升趨勢線，表示上升趨勢依然處在加速過程中。

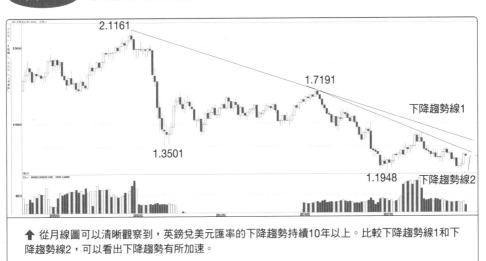

圖4-4　英鎊兌美元月線圖（2003年12月～2019年11月22日）

↑ 從月線圖可以清晰觀察到，英鎊兌美元匯率的下降趨勢持續10年以上。比較下降趨勢線1和下降趨勢線2，可以看出下降趨勢有所加速。

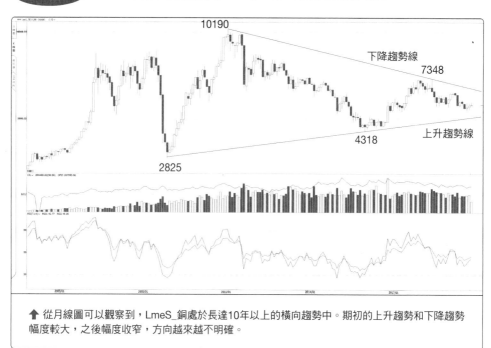

圖4-5 LmeS_ 銅3月線圖（2003年12月～2019年11月22日）

10190

下降趨勢線

7348

4318

上升趨勢線

2825

↑ 從月線圖可以觀察到，LmeS_銅處於長達10年以上的橫向趨勢中。期初的上升趨勢和下降趨勢幅度較大，之後幅度收窄，方向越來越不明確。

當市場向上突破雙重底的頸線，可以判斷上升趨勢的第一階段完成，進入第二階段。

第二個階段以橫向盤整為主，持續時間較長，走勢一波三折，行情通常較不清晰。投資者要提防市場在不經意間從第二階段變成第三階段，在操作上一定要耐心等待時機，慢慢積累籌碼，或者乾脆靜觀其變。不要在第二階段草率進場，進場後也不要輕易停損，因為停損往往是出於趨勢操作錯誤，但是第二階段的行情進退無常，難以判斷最終方向。

在圖4-6的右側上升趨勢中，第二階段的持續時間長達3年左右，此期間的操作難度極大。當市場向上突破第二階段的最高點，可以判斷趨勢進入第三階段。

第三個階段的趨勢狀態最為明顯，投資者在操作上，一定要果斷、適時地投入重倉。不要在第三階段一再確認行情，而是要當機立斷，因為這是收

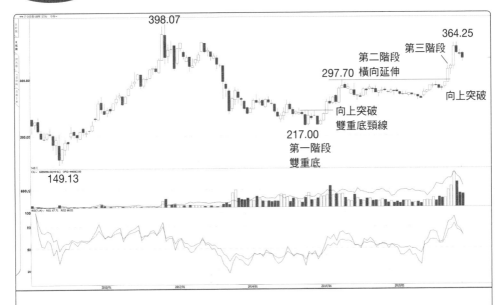

圖4-6　滬金指數月線圖（2008年1月～2019年11月23日）

⬆ 本圖的右半部從雙重底開始，是上升趨勢的第一階段；當雙重底的頸線被向上突破，代表第一階段結束、第二階段開始。第二階段是漫長的橫向延伸過程，走勢十分曲折；當市場向上突破橫向區間的高點，行情進入第三階段。第三階段幾乎是單向急速拉升，可惜受到2011年9月的歷史高點（398）壓制，沒有充分展開。

穫的時機，之前所有的挫折和等待都將得到報償。

　　在圖4-6右側的上升趨勢中，第三階段急速拉升，幾乎是單向上漲。不過，這裡的第三階段並未充分展開，原因是被2011年9月的前期高點（398）所壓制，這個上升趨勢其實是更長期橫盤區間裡面的一部分。

要領3：進入橫盤後，關鍵是判定趨勢方向

　　當行情按照趨勢方向順利發展時，可以觀察價格水平線、價格跳空、百分比回調線、趨勢線等基本工具。當市場轉入橫向趨勢後，觀察技術分析工具就有可能帶來困惑。

在橫盤階段，追蹤趨勢的功夫在於及早分辨當前的價格形態，究竟屬於延續形態（後市將恢復原有趨勢）或是反轉形態（後市將發生趨勢反轉），越早得出結論越有利。或者更準確地說，要動態評估延續形態和反轉形態的相對可能性。

◆若有相對明確的線索顯示為延續形態，則判斷原趨勢持續。
◆若有相對明確的線索顯示不大可能為反轉形態，則判斷原趨勢持續。
◆若有相對明確的線索顯示為反轉形態，則判斷趨勢反轉。
◆若有相對明確的線索顯示不大可能為延續形態，則判斷趨勢反轉。

在圖4-7a中，高點A之前的行情漲勢如虹，但是8月份的長陰線猶如當頭棒喝，顯示上升趨勢脫離了推升的軌道。從9月的行情來看，當前行情能否止跌止穩，8月的B點能否成為代表性低點，都還是未知數。這張圖相當令人忐忑，行情既有可能進入橫盤區間，也有可能構成向下的V形反轉形態，需要密切關注。事後回頭來看，這張圖是橫向趨勢的開頭部分，行情潛在變化多，可供分析的線索卻較少。

在圖4-7b（見208頁）中，2015年10月形成一根長陽線，說明之前的B點確實是一個低點；如此一來，基本上可以消除向下V形反轉的可能性。接下來的問題是，正在進行的行情是延續形態，還是反轉形態？

2015年12月，形成新的高點C。2016年1月、2月，行情多次向下挑戰之前的低點B，雖然2月的低點一度跌破B點，但是淺嘗輒止，當月便向上反彈。從圖示上繪製的兩條支撐線來看，2月低點有進到窄幅的支撐區，但並沒有穿越支撐區，有驚無險。

從這張圖來看，行情既有可能形成雙重頂形態，也有可能形成矩形形態。雙重頂意味著後市終將向下反轉，上升趨勢中的矩形形態則意味著後市將會繼續上漲。由於之前的原趨勢為上升趨勢，後者的可能性大於前者；不過，此時兩種前景的可能性相差不大。

事後回頭看，這張圖是橫向趨勢的中段，技術線索已經明顯多於初期，投資者開始心中有數；但是，行情在未來仍有各種變化的潛力。

在圖4-7c（見209頁）中，2016年3月，行情從D點向上反彈，表示D點

圖4-7a　納斯達克指數月線圖（2007年8月～2015年9月）

↑ 高點A（5231）出現在2015年7月，隨後的8月卻是一根長陰線，儘管當月行情從低點有力地向上反彈，令收盤價顯著高於當月最低點，但後面的9月為短陰線，價格維持在8月的波動範圍內，還無法判斷接下來會進入橫向趨勢，或是形成向下的V形反轉。

為近期低點，雙重頂形態的可能性大幅下降。再者，典型的頭部反轉形態波動劇烈、持續時間短，但是行情從D點反彈後，不但留下一系列較小的實體K線，而且行情波動減緩，持續時間拉長。如此一來，行情越來越不符合典型的頭部反轉形態特徵，趨勢持續不變的可能性大幅上升。

從高點A、C拉出壓力線，從低點B、D拉出支撐線，兩條直線呈現平行，形成一個稍微向下傾斜的平行通道。向下傾斜意味著之後很可能會向上

圖4-7b　納斯達克指數月線圖（2007年8月～2016年2月）

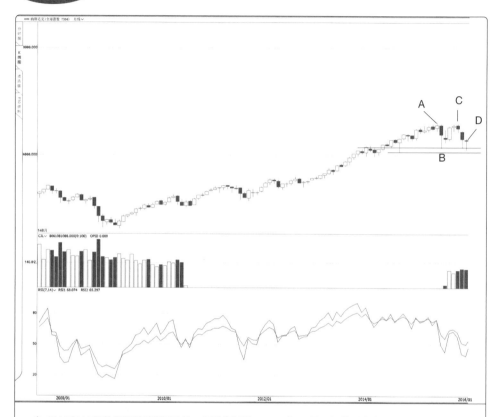

⬆ 2015年10月的長陽線確認B點是一個近期低點。2015年12月，行情形成高點C。2016年1月、2月，行情向下挑戰近期低點B，但未能向下突破。本圖既可能形成雙重頂形態，也可能形成矩形形態。由於之前為上升趨勢，後者的可能性大於前者。至於D點是否構成代表性低點，尚且不能確定。

突破，一旦市場向上突破壓力線，便能判斷上升趨勢恢復。

　　圖4-7c展示的橫向趨勢已經進入後期，行情緊縮在一個窄小區間內波動，價格形態的延續性質越來越清晰，行情發生其他變化的可能性迅速減少。在圖4-7d（見210頁）中，2016年8月，市場向上突破橫盤區間的壓力線（A點到C點），恢復上升趨勢。此時，壓力線轉變成支撐線，將在市場向下回落時，發揮支撐作用。

圖4-7c　納斯達克指數月線圖（2007年8月～2016年6月）

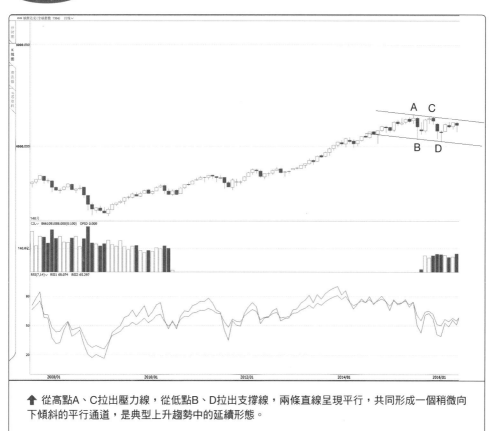

⬆ 從高點A、C拉出壓力線，從低點B、D拉出支撐線，兩條直線呈現平行，共同形成一個稍微向下傾斜的平行通道，是典型上升趨勢中的延續形態。

　　圖4-7d的行情證明了，在趨勢演變的橫盤階段，重點不是追求精準的進場點，而是儘早確認趨勢方向。在本例中，只要看對趨勢方向，持有多頭倉位，不論如何選擇進場點，都能享有上升趨勢的大部分漲幅；反過來說，如果趨勢方向不正確，則無論如何選擇進場點，都不可能獲利。

　　這帶給我們一項重要啟示：在趨勢方向明確的情況下，看對趨勢比選準進場時機還要重要得多。正因如此，市場技術分析的主要用途不是分析，而是行動紀律，當行則行，當止則止。不行動，徒有虛言，則市場技術分析沒有意義。

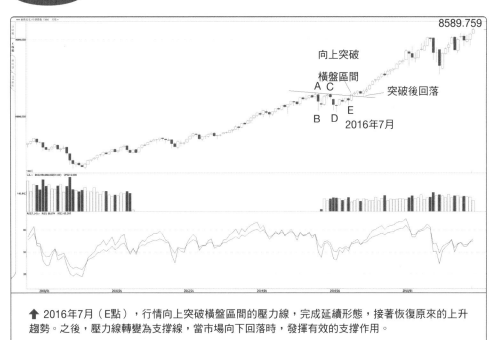

圖4-7d 納斯達克指數月線圖（2007年8月～2019年11月22日）

↑ 2016年7月（E點），行情向上突破橫盤區間的壓力線，完成延續形態，接著恢復原來的上升趨勢。之後，壓力線轉變為支撐線，當市場向下回落時，發揮有效的支撐作用。

要領4：久盤必跌？久盤往往上漲

「久盤」指的是持久的橫向趨勢。橫向趨勢傾向於波動幅度越來越小，成交量越來越低，最明顯的特徵是在最後階段收縮成一個窄幅區間。

正如要領三所說，如果趨勢從上升轉為橫盤狀態，其持續時間越久，價格形態越不符合頭部反轉的典型特徵，越有可能屬於延續形態，其後市大多繼續向上突破。

另一方面，如果趨勢從下跌轉為橫盤狀態，一般來說行情無需外力就會自動下降，因此這種橫盤狀態往往不會持久。如果在下降趨勢中出現持久的橫盤，反符合底部反轉的典型特徵。當市場最終向上突破，且伴隨成交量逐步放大，便能宣告底部反轉完成，出現新的上升趨勢。

綜合上面所述，在典型情況下，不但不是「久盤必跌」，反而是久盤往

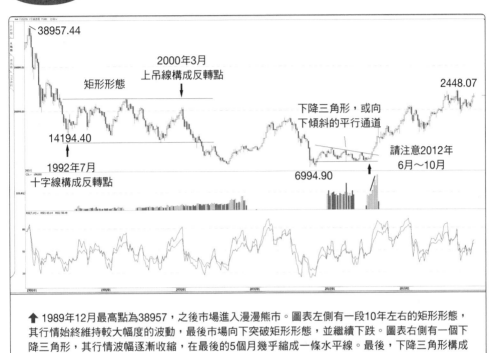

圖4-8 日經225指數月線圖（1989年9月～2019年11月22日）

38957.44

2000年3月
上吊線構成反轉點

矩形形態

2448.07

下降三角形，或向
下傾斜的平行通道

14194.40

請注意2012年
6月～10月

1992年7月
十字線構成反轉點

6994.90

⬆ 1989年12月最高點為38957，之後市場進入漫漫熊市。圖表左側有一段10年左右的矩形形態，其行情始終維持較大幅度的波動，最後市場向下突破矩形形態，並繼續下跌。圖表右側有一個下降三角形，其行情波幅逐漸收縮，在最後的5個月幾乎縮成一條水平線。最後，下降三角形構成底部反轉形態，市場向上反轉，並伴隨成交量迅速放大。

往上漲。以下看一個實例，在圖4-8的左上角，1989年12月的最高點（38957）高高在上，接下來是日本泡沫經濟時代，股市經歷長達20年的弱勢。在圖中，我們注意到兩段顯著的橫向趨勢。

　　第一段橫向趨勢發生在圖表的左側，是一個矩形形態，由以下兩個反轉點前後的行情共同組成，持續時間接近10年。第一個反轉點出現在前期的一波劇烈下跌之後，先是一根長陰線，再是1992年7月的十字線，然後是一根長陽線，三者共同構成向上反轉形態，十字線是向上的反轉點。

　　第二個反轉點出現在2000年3月的上吊線，之前是一波明顯的上漲行情。上吊線構成向下反轉訊號，並得到後面一根長陰線的有效驗證，表明上吊線是向下的反轉點。

矩形形態本身大多屬於延續形態，意味著後市將恢復原趨勢方向。在本例中，行情最終向下突破矩形下邊界，市場持續下跌並創新低，符合延續形態的特徵。不過，上述的矩形形態並不算典型的橫盤趨勢，也不是本段要討論的「久盤」，因為隨著行情演變，矩形內部的波動幅度沒有收窄，而是始終維持大幅度波動。

第二段橫向趨勢發生在圖表的右側，既可以描繪成稍微向下傾斜的平行通道，也可以如圖所示繪製成下降三角形，其上邊線為向下傾斜的壓力線，下邊線為支撐線。

在這個下降三角形中，行情波動的幅度逐步收窄，符合典型的橫向趨勢特徵。特別是在下降三角形的後期，2012年6月～10月這5根月K線都是小實體，而且幾乎收縮在一條水平線上。這個下降三角形顯然屬於典型的久盤，恰恰完成一個典型的底部反轉形態。當市場向上突破三角形的上邊線，成交量也配合底部反轉訊號而快速放大。

要領5：如果看不清楚，則判斷原趨勢持續

一旦趨勢形成，所有的判斷應當以此為基礎：符合趨勢方向的，傾向於採納；不符合趨勢方向的，傾向於不採納。至於在橫向趨勢中，要傾向於判斷橫向趨勢持續，若要確認突破訊號，則必須有確切的證據。

另外，在趨勢確定後，不能輕易採取波段操作。波段操作往往令人迷失大方向。捕捉趨勢是首要的目的，不可以因小失大。

如果認真依照上述的5項要領，搜集所有線索，分析各種可能性之後，只能判定基本趨勢方向，卻無法看清其他細節，投資者可以單純判斷原趨勢將恢復。

4-3 【實例講解】分析上證指數 2008 ～ 2015年的行情演變

在本節中，我們練習分析圖4-9a（見214頁）的行情。市場從2007年10月的6124點，急速下跌至2008年10月的1664點，接著逐步上升，在2009年8月到達3478的高點。之後行情繼續演變，本圖最右側的月線是2011年8月，距離2009年8月的高點約2年之久。

試問，行情目前的長期趨勢方向是什麼？長期趨勢處在哪一個階段？

我們注意到2009年8月的K線（即高點3478）是一根幾乎光頭光腳的長陰線，之後的行情演變幾乎維持在這根陰線的範圍內，換言之，行情從這根長陰線開始進入橫盤狀態。

因此，要解答上述問題，我們必須分析長陰線之前的原始行情，與這段盤整行情之間的關係。

第一步，判斷大趨勢方向

圖4-9b（見215頁）是包含同一時期上證指數的行情線圖，不過放大了前後的時間跨距。在本圖中，我們要分析的重點是：2009年8月的K線（即D點）出現之後，該如何判斷趨勢方向。

一方面，行情已經從近期低點C（2008年10月，1664點）快速拉升，似乎形成上升趨勢；另一方面，近期高點D（2009年8月，3478點）當月的長陰線跌幅驚人。在長陰線之後，行情將會進入橫向趨勢，或是重新試探近期低點C呢？

一種情況是：如果行情進入橫向趨勢，則低點C之後的上升趨勢很可能

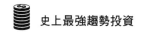

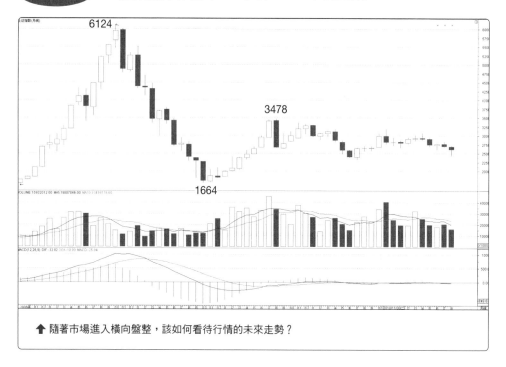

圖4-9a　　上證指數月線圖（2006年9月～2011年8月26日）

↑ 隨著市場進入橫向盤整，該如何看待行情的未來走勢？

會延續。如此一來，低點C成為重大的反轉點，引發長期上升趨勢。

　　另一種情況是：如果行情重新試探低點C，則C點到D點也許只是下跌趨勢過程中的一次回調，不能排除行情跌破C點後繼續下跌的可能性。

　　從低點A到高點B是一輪劇烈的上漲行情，從高點B到低點C是一輪斷崖式的下跌行情。B點～C點的跌幅約為A點～B點漲幅的90％。從趨勢反轉的角度來看，高點B之後的反轉行情幾乎回到原來的起點。因此，我們傾向於判斷行情已充分下跌，將重新進入上升趨勢，屬於第一種情況。

　　雖然如此，在D點所在的月K線當下，我們沒有把握可以排除第二種可能性。D點當月的K線如此疲軟，很容易令人聯想到B點～C點的行情，市場也可能在D點的長陰線之後繼續下跌，重新試探C點的低位。

　　幸運的是，在D點之後的9個月當中，市場並未有效創新低，而且基本

圖4-9b　　上證指數月線圖（2003年2月～2014年12月）

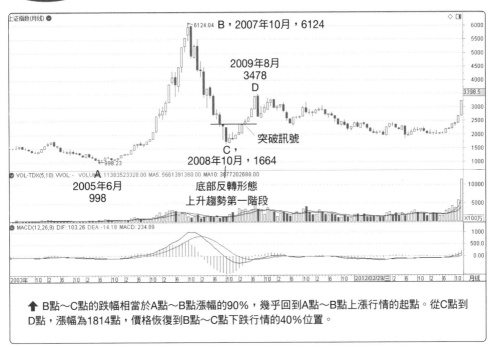

↑ B點～C點的跌幅相當於A點～B點漲幅的90%，幾乎回到A點～B點上漲行情的起點。從C點到D點，漲幅為1814點，價格恢復到B點～C點下跌行情的40%位置。

上都維持在D點長陰線的範圍之內。因此，D點之後行情進入橫向趨勢的可能性越來越大。

在上升趨勢中出現橫向趨勢時，如果市場劇烈波動，且持續時間短，往往構成頭部反轉形態；如果持續時間越來越長，則構成延續形態，恢復到原趨勢的可能性較大。從圖中可以看到，D點之後行情平淡，隨著橫盤時間持續越來越久，構成向下反轉形態的可能性越來越低，我們越來越傾向於判斷長期趨勢向上。

若要確認趨勢向上的判斷是否有效，有一個檢驗標準：在任何時刻，市場都不得再次挑戰近期低點C。換言之，如果市場接近1664點，則低點C是否啟動向上反轉，引發長期上升趨勢，會再次成為疑問。

第二步，判斷趨勢階段

低點C（2008年10月）構成反轉點，5個月之後，市場向上突破C點長陰線的最高點，發出底部反轉訊號（見圖4-9b）。因此，C點前後大約6個月屬於底部反轉形態，行情進入上升趨勢的第一階段。之後，大約在2009年6月，上升趨勢進入變化不定的第二階段。

在圖4-9c中，我們將D點之後一個月的低點標記為1，並依序標出2、3、4、5共5個低點。在上升趨勢的第二階段裡，每當行情接近低點，乃至跌出新低時，市場的不確定性都遽然上升：行情將維持在上升趨勢的第二階段，或是繼續向下試探低點C？

正如前文所說，在低點2出現之前的9個月裡，市場始終維持在D點的長陰線範圍之內，但是低點2向下突破了低點1，令趨勢的第二階段面臨考驗。一方面，在第二階段，行情波動不定，因此創新低是可以接受的。只要低點2明顯高於低點C，仍可以判斷趨勢處在第二階段。

另一方面，市場在向下突破低點1之後，仍然有可能會繼續下跌，接近C點甚至低於C點，使C點（1664）到D點（3478）構成一個大矩形。這將導致上升趨勢第二階段的破滅。

幸運的是，低點2僅稍微向下超過低點1，比低點C還高得多。不僅如此，在低點2之後，市場很快地拉升，重新回到低點1之上，進一步表現出第二階段行情來回不定、沒有明確方向的特點。

有了低點2的經驗，當低點3出現時，我們比較有心理準備。雖然行情向下跌破低點2，但是幅度較小，沒有說服力。這兩個低點之間相距17個月，充分展現出趨勢第二階段磨人的特徵。

低點4和低點5下跌的幅度越來越小，越來越不像創新低。值得注意的是，最低的低點5仍然明顯高於低點C，而且低點5淺嘗輒止，當月即回到低點4之上，與其說是向下突破，不如說是假突破訊號。向下的假突破訊號，通常反而是行情向上的技術線索。

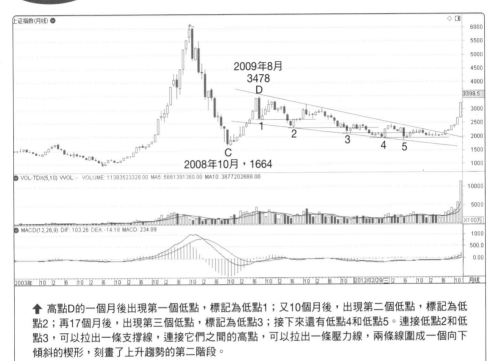

圖4-9c　上證指數月線圖（2003年2月～2014年12月）

⬆ 高點D的一個月後出現第一個低點，標記為低點1；又10個月後，出現第二個低點，標記為低點2；再17個月後，出現第三個低點，標記為低點3；接下來還有低點4和低點5。連接低點2和低點3，可以拉出一條支撐線，連接它們之間的高點，可以拉出一條壓力線，兩條線圍成一個向下傾斜的楔形，刻畫了上升趨勢的第二階段。

第三步，分析價格形態

在圖4-9c中，連接低點2和低點3，可以拉出一條稍微向下傾斜的支撐線，低點3驗證這條線的技術意義，低點4和低點5得到這條線的有效支撐。這條支撐線的斜率不大，表明趨勢第二階段的一系列低點，不具有實質性的下降意義。

另外，連接低點2和低點3之間的高點，可以拉出一條明顯向下傾斜的壓力線，之後也得到驗證，並多次發揮壓力作用。上述支撐線和壓力線圍成一個向下傾斜的楔形，我們可以從中得到一些線索。

第一，楔形屬於典型的橫向趨勢，契合上升趨勢第二階段的特徵。第

圖4-9d 　上證指數月線圖（2003年2月～2014年12月）

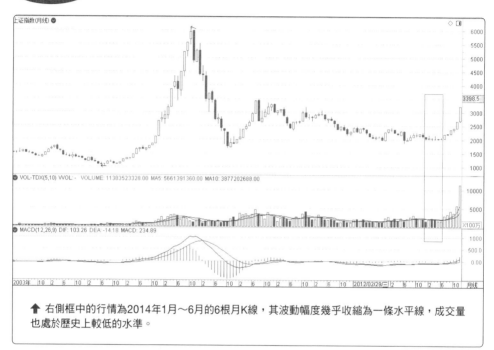

⬆ 右側框中的行情為2014年1月～6月的6根月K線，其波動幅度幾乎收縮為一條水平線，成交量也處於歷史上較低的水準。

二，在楔形形成的過程中，市場上下波動的幅度逐步收窄。第三，楔形持續時間長達5年多，表示當前行情所處的上升趨勢屬於超長期規模。第四，楔形的最終突破方向往往與楔形本身的方向相反，本例的楔形向下傾斜，意味著行情終將向上突破，這一點符合前文針對上升趨勢第二階段的觀察。

前文曾經指出，低點5是向下的假突破訊號，是行情向上的技術線索。大約半年之後，上升趨勢第二階段進入尾聲（見圖4-9d），判斷的依據是：2014年1月～6月的6根月K線高度集中，幾乎變成一條水平線，在此同時，這幾個月的成交量也處在低位。

這一類情形通常發生在底部反轉形態的末期，或是橫向趨勢的末期，是行情即將向上突破的先兆。至於會在何時突破，以何種方式突破，目前還不能確定。

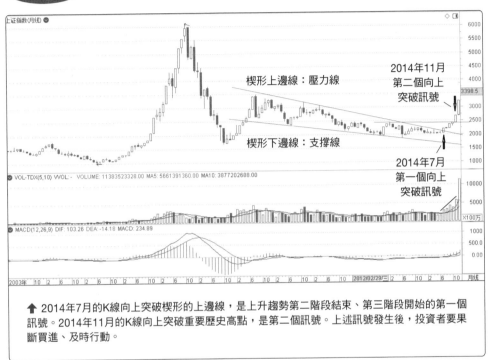

圖4-9e　上證指數月線圖（2003年2月～2014年12月）

↑ 2014年7月的K線向上突破楔形的上邊線，是上升趨勢第二階段結束、第三階段開始的第一個訊號。2014年11月的K線向上突破重要歷史高點，是第二個訊號。上述訊號發生後，投資者要果斷買進、及時行動。

第四步，每日看盤，捕捉突破訊號

　　圖4-9e標出兩個向上突破訊號。第一個突破訊號是，市場在2014年7月突破楔形的上邊線，當月K線明顯比之前6個月的K線還要長，成交量也明顯抬升。在這個突破訊號發生時，市場大約處在2200點之下（當月最高點為2203）。

　　第二個突破訊號發生在2014年11月，月初的開盤價已經向上超過較重要的高點，當月成交量也繼續放大，有效地配合向上突破訊號。此時，市場大約處在2500點左右。

　　關於向上突破訊號，我們需要強調以下幾點。

　　首先，捕捉突破訊號的關鍵在於買進做多、採取行動，而不是觀察研

究，更不能因為過度講究進場點的精準性，而錯過行動的機會。前文討論的3個步驟：判斷大趨勢方向、確定趨勢階段、分析價格形態，都屬於觀察分析，唯有此時的第四個步驟屬於行動。對投資者來說，觀察的目的都是為了最終的行動。

本實例在時間上拖得很久，足以讓我們仔細玩味趨勢的3個階段、價格形態的形成過程，最終才迎來作為收場的突破訊號。在日常看盤時，觀察大趨勢、判斷趨勢階段、研究價格形態、捕獲突破訊號這幾個步驟，往往會循環進行，但是這不改變4個步驟之間的關係，即觀察與行動的交替。投資如同釣魚和打獵，大部分的時間要沉著觀察，一到關鍵時刻就採取行動。

其次，突破訊號應符合投資者的預期，並非突如其來地出現。在市場長達5年多的盤整過程中，隨著時間推移，楔形形態越來越完整，趨勢的第二階段越來越明顯，向下挑戰重要低點C的可能性越來越低。

一方面，5年的橫向趨勢對市場參與者來說，是一場曠日持久的嚴峻考驗，投資者一定要耐得住寂寞。另一方面，在等待的過程中既要密切觀察，一再確認第二階段沒有破局，也要與時俱進，做好迎接上升趨勢第三階段的準備。

在操作上，如果前期做多不慎被套牢，因為上升趨勢仍在，應耐心地持有等待；如果幸運空倉，也一樣要耐心等待，絕不能輕舉妄動。當然，也可以在市場下跌時慢慢買進。

最後，技術分析訊號通常不是單一事件，而是水到渠成的結果。趨勢行情演變如同一個劇情連續的故事，當我們判斷上升趨勢的第二階段確立，意味著橫向趨勢終究會以向上突破訊號收場。

順帶一提，上證指數在2015年6月12日達到高點5178，之後發生V形反轉，行情急轉直下，以至於2015年剩餘的時間都在股災中度過。針對常規行情，我們可以按照判斷大趨勢、趨勢階段、價格形態、突破訊號等4個步驟來追蹤應對，但是針對變化快速的V形反轉，幾乎沒有步驟可言。在此情況下，投資者該如何應對呢？

答案與「靶子是死的，兔子是活的」的道理一致。基本功越紮實，越能適應行情變化。或者說，基本功紮實了，變化快速的行情似乎變慢了，投資者有能力發現更多技術線索。

　　想要會打兔子，必須先練好打靶。對於短線交易和超短線交易的投資者來說，更需要借助市場技術分析工具，進一步探究行情細節，也必須通曉行情大趨勢，透過兩方面的努力將快速的行情「變慢」。

　　在進行市場技術分析時，依序執行上述4個步驟的目的在於，針對繁雜的行情資訊，盡可能做最週全、最恰當的處理。既能綜合觀察中長期的行情演變，又能聚焦分析短期的價格軌跡，力求像高傳真音響器材一般，真實地勘察正在上演的市場故事。

進階研讀

從《周易》六十四卦，領悟正確的交易心態

　　《周易》的內容不是知識，而是歷久彌新的生存智慧。八卦兩兩相重，得到六十四卦。相對於複雜多變的大千世界而言，八卦顯得過於簡略，六十四卦的分析更深入，尺度更細緻，是一套更實用的判斷尺度和行為準則。

　　《周易》的英文翻譯為「Book of Change」，即「變化之書」。按照一般理解，「易」有3層意思：變易、簡易、不易。

　　◆**變易：**《周易》以六十四卦作為一套完整嚴謹的尺度，來衡量大千世界的變化，並指導應對的法則。

　　◆**簡易：**這套尺度是簡明易用的。

　　◆**不易：**《周易》所揭示的規律不隨著時間改變。

　　現在，我們就借這套尺度來量一量投資者的處境。

　　為了便於理解六十四卦，我們要介紹解讀卦象的一些基本規則。以乾卦為例，從下到上總共6個陽爻。與八卦一樣，最下方的爻位稱為初、初位或初爻，最上方的爻位稱為上、上位或上爻。其餘爻位由下至上依次稱為二位、三位、四位、五位（或二爻、三爻、四爻、五爻）。

　　卦象中的每一爻同時具備兩方面意義：爻位和爻象。在每個爻位上，具體的爻象既可能是陽爻，也可能是陰爻，其名稱如表4（見224頁）所示。在描述爻象時，用九代表陽，六代表陰。在第一爻和第六爻的名稱中，將位名放在前，爻象放在後，強調的是爻位，例如：上九、上六，意味著「位於上爻的是陽」、「位於上爻的是陰」。在第二、三、四、五爻的名稱中，將爻象放在前，位名放在後，強調的是爻象，例如：九三、六三，意味著「陽位

表4 六十四卦爻位的名稱和理解

從下至上的位置	爻位名稱	爻位元屬性	三才屬性	陽爻名稱	陰爻名稱	爻象與爻位關係	內外卦屬性
第六爻	上	陰位	天位	上九	上六	陰爻當位	外卦上
第五爻	五	陽位	天位	九五	六五	陽爻當位	外卦中
第四爻	四	陰位	人位	九四	六四	陰爻當位	外卦初
第三爻	三	陽位	人位	九三	六三	陽爻當位	內卦上
第二爻	二	陰位	地位	九二	六二	陰爻當位	內卦中
第一爻	初	陽位	地位	初九	初六	陽爻當位	內卦初

於三爻」、「陰位於三爻」。

為了便於理解六十四卦，下面概括幾項主要的解讀規則。

第一，內、外卦關係。六十四卦居於下方的經卦稱為內卦（或下卦），上方的經卦稱為外卦（或上卦）。這裡的內、外，可以代表結構上的內外、相互關係上的內外（我方與對方，或主方與客方）、性格上的內向與外向、時間順序上的先後、空間方位上的後前與下上等等。內卦、外卦各有基本的卦義，我們可以結合其相對關係來理解整體卦象。

第二， 三才。六十四卦的初爻、二爻象徵地，稱為地位。三爻、四爻象徵人，稱為人位。五爻、上爻象徵天，稱為天位。這是爻位的天、地、人三才屬性（見圖3）。

第三，爻位。奇數位為陽位，如果此處為陽爻，則該爻「當位」，也稱作「得正」，如果此處為陰爻則不當位。偶數位為陰位，如果此處為陰爻，則該爻當位，也稱作得正，如果此處為陽爻則不當位。相對而言，當位為常態，爻象和爻位的搭配更適當。

第四，卦名也是卦象。卦名力求用1～2個字概括整體卦象，是理解卦象的重要依據。另外，卦名的字形也是象，字義又有提綱挈領的重要含義。

《易經》包含卦象64個，卦名75字，爻題384個，共768字，卦爻辭字數

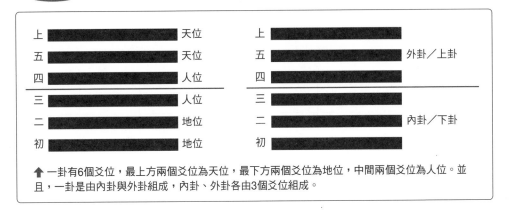

圖3　理解卦象的基本線索

➡ 一卦有6個爻位，最上方兩個爻位為天位，最下方兩個爻位為地位，中間兩個爻位為人位。並且，一卦是由內卦與外卦組成，內卦、外卦各由3個爻位組成。

4,000出頭，合計近5,000字。其中，卦象最重要，卦名其次。在理解一個卦的時候，應以卦象為本源，卦名為綱領，《周易》的其餘文字（包括十翼）為補充。

　　第五，錯卦。一卦有6個爻位，當6個爻位的陰陽屬性同時反轉，即陽爻反轉為陰爻、陰爻反轉為陽爻，所得出的卦就是錯卦。顯然，本卦與錯卦是相互的，只要兩者的相互關係成立，則錯卦也可以是本卦，本卦就成為其錯卦。典型的例子是，乾卦☰和坤卦☷互為錯卦，兩者形成一對，就像走路時雙腿分工，相互配合。我們可以借助錯卦來理解本卦，也可以借助本卦來理解錯卦。

　　第六，綜卦。同一個卦象，從上下兩個方向來看，就如同博弈雙方處於對立的位置，在同一個情境下會得到不同的觀感。將本卦上下顛倒，所得出的卦就是綜卦。顯然，本卦和綜卦也是相互的，只要兩者的相互關係成立，則綜卦也可以是本卦，本卦就成為其綜卦。典型的例子是，複卦☷和剝卦☶互為綜卦。

　　在上下對稱的卦象中，綜卦與本卦一模一樣，典型的例子有乾卦☰、坤卦☷、大過☱、頤卦☶、坎卦☵、離卦☲、中孚☴、小過☳。有些卦的錯卦和綜卦相同，典型的例子是既濟卦☲和未濟卦☵。

　　當然，卦象還有很多其他的解讀方法，為了簡明起見，不逐一贅述。根

據上述解讀規則，假設我們要描述某個人，應如何用卦象來表示呢？

很簡單，陽爻為顯，陰爻為隱，既然只談人，可以把天位、地位都用陰爻隱去，只把象徵人的人位用陽爻顯示出來。三爻、四爻屬於人位，一個在上、在外，一個在下、在內，於是我們得到兩個人或兩種人：一個是謙卦䷎，代表「內人」、「（人）下人」；另一個是豫卦䷏，代表「外人」「（人）上人」。

從投資者的角度來看，這代表兩種交易態度和方法。

豫卦䷏——我的象，積極進取的人

先來看豫卦䷏。

第一步先看卦象本身，這是主要線索。豫卦只有四爻是陽爻，其餘都是陰爻，顯然本卦的重點是四爻。四爻屬於人位，代表「（人）上人」；又屬於外卦，表明是個向外求的人（見圖4）。

再來看卦名，《說文解字》中寫道：「豫，象之大者。從象，予聲。通『預』。」豫卦的「豫」由「予」和「象」組合而成，字面上來說，豫卦描述的是常人眼中「我的象」，即通常的自我認知、行為傾向或特點等等。

豫卦䷏的內卦為坤☷，象徵順從、被動，內心沒有負擔。外卦為震☳，象徵主動、行動，也代表外部趨勢已經形成，正洶湧澎湃地推進。兩相結合的意思是，要以順應大局的基本態度，主動向外採取行動，以適應外部趨勢；當外部趨勢形成，要順應趨勢才能心安；處在適合進取的局面，必須及時行動，取得一定收穫。

豫卦的卦辭「利建侯行師」[2]，是鼓勵闊蕩、做大事的意思。其《象傳》兩番強調「順以動」的重要性，即以天地為師，順應趨勢，把握時機，果斷行動。「豫之時義大矣哉」，意思是成敗的關鍵在於順應外部大勢，捕捉時機。

綜合以上線索，首先，豫卦描述的這個人是外向的、主動的，自覺比較高明、是「人上人」，感覺別人普遍不如自己，因此出手比較有把握，願意冒風險。

其次，這個人是進取的，偏好主動採取行動，而不是被動等待。

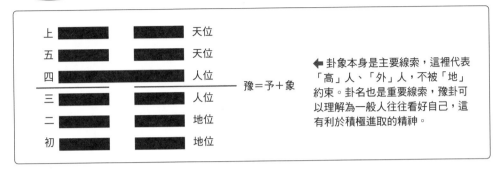

圖4　豫卦卦象

→ 卦象本身是主要線索，這裡代表「高」人、「外」人，不被「地」約束。卦名也是重要線索，豫卦可以理解為一般人往往看好自己，這有利於積極進取的精神。

再次，這個人既看好自己的美好前程，也會預測外部趨勢變化，適時採取預防或應對措施。

最後，這個人樂觀、大膽，傾向於享受行動的過程、享受生活。

這個人豈不正是投資者的寫照嗎？特別是剛剛參與市場的新手，一開始大多會想：「你們這些人有什麼了不起？我要來賺你們的錢」，於是積極交易。沒有這種不甘人後的幹勁，怎麼會有動力進場一搏呢？

人們在滾滾紅塵中摸爬滾打從不言棄，靠的就是這點志氣始終在支撐自己。可見，豫卦描述的正是「我的象」，人們通常是這樣看待自己，也傾向於這樣堅持下去。

然而，豫卦的四爻為陰位，陽爻處在陰位，不得正，不當位，因此不全然適宜，也不該是常態。常人總是傾向於「豫」，煩惱便由此而生了。

〔2〕䷏雷地豫

豫：利建侯行師。

《彖傳》曰：豫，剛應而志行，順以動，豫。豫順以動，故天地如之，而況建侯行師乎？天地以順動，故日月不過，而四時不忒；聖人以順動，則刑罰清而民服。豫之時義大矣哉！

《大象》曰：雷出地奮，豫，先王以作樂崇德，殷薦之上帝，以配祖考。

謙卦䷎──兼聽則明，追求高明的人

另一種人是謙卦䷎[3]。

先看卦象的主要線索，謙卦䷎只有三爻為陽爻，其餘都是陰爻，顯然本卦的重點是三爻。三爻屬於人位，代表「（人）下人」；又屬於內卦，因此是個向內求的人（見圖5）。

接著看卦名的線索，《說文解字》中寫道：「謙，敬也。從言，兼聲。」恭在外表，敬存內心，常常自我告誡、自我反省。謙字由「言」和「兼」組成，表示既聽得進正面的「言」，也聽得進反面的「言」；既明白自己的「言」，也明白他人的「言」。《孫子兵法》中寫道：「知己知彼，百戰不殆」，言＋兼的目的是為了恰如其分地了解事實，並恰如其分地採取行動，其檢驗標準是客觀的事實。

謙卦《大象》說：「君子以裒多益寡，稱物平施」，意思就是要恰如其分地衡量形勢，並恰如其分地採取行動。

謙卦䷎的內卦是艮☶，象徵山、止，表示內心靜止，行為不動如山。外卦是坤☷，表示外部平坦、順利。兩相結合的意思是，對自己看得清、要求嚴、控制得住，自然在外面就比較順利。

綜合以上線索，首先，謙卦所描述的人虛心看待自己，覺得自己是平常人，比較內向、傾向自省。

其次，山通常是人類活動的界限，內卦為山，象徵這個人對自己的要求高、約束嚴格，不浮躁盲動，遭遇狀況時不會抱怨市場，而是會從自己身上找原因。事實上，投資者的很多動作根本沒有必要，往往只是徒增困擾和挫折。管住自己，靜止下來，是成功的首要條件。

再次，人在山上時，站得高、看得遠；在山下時，以山為地標就不會迷失方向。謙卦講述的是自我修養，先養成良好的行為規範，再追求高明的內心境界。謙卦也講述對外的行動，但是首先要求自己高明，把自己和外部事物都看得恰如其分，行為舉止也恰如其分，如此便能回歸根本，知行合一。

最後，除了追求恰如其分，也追求不動則已，動如雷霆，一擊必中。因此，謙卦六五（圖5中從下往上數的第五個爻位）說：「不富以其鄰，利用侵伐，無不利。」上六（圖5中從下往上數的第六個爻位）說：「鳴謙，利

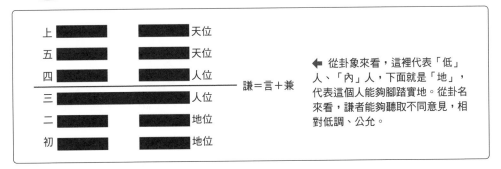

圖5　謙卦卦象

```
上  ▬▬▬▬        ▬▬▬  天位
五  ▬▬▬▬        ▬▬▬  天位
四  ▬▬▬▬        ▬▬▬  人位
───────────────────────────  謙＝言＋兼
三  ▬▬▬▬▬▬▬▬          人位
二  ▬▬▬▬▬▬▬▬          地位
初  ▬▬▬▬▬▬▬▬          地位
```

◀ 從卦象來看，這裡代表「低」人、「內」人，下面就是「地」，代表這個人能夠腳踏實地。從卦名來看，謙者能夠聽取不同意見，相對低調、公允。

用行師，征邑國。」

　　總的來說，謙者是謹慎的、內省的，能夠冷靜觀察，力求弄清事實，並以事實為行為的準繩，絕不輕舉妄動。靜為主，動為輔。不說則已，言必有中；不動則已，一擊必中。

　　投資者做交易往往是從豫☷☳開始，吃虧之後不得不反思自己，回到謙☷☶的狀態；悟有所得後想碰碰運氣，又回到豫的狀態。這是一個循環，從豫☷☳到謙☷☶，再從謙☷☶到豫☷☳，交替前行。

　　兩相比較，豫主外，謙主內；豫主動，謙主靜；豫主行動，謙主內省。然而，謙的三爻為陽位，陽爻處在陽位，當位得正，表示在謙和豫的循環之中，謙更應該是常態。但實際上，多數交易者對自己抱持樂觀，比較偏向豫，導致謙豫不平衡。

　　謙三爻陽位為陽，得正，應是常道和常態。豫四爻陰位為陽，不得正，不應當為常道和常態。投資交易就像打獵、釣魚一樣，都要講究「靜如處子、動如脫兔」的功夫，寧可少動，也不亂動。總之，豫與謙相輔相成，動

---

〔3〕☷☶地山謙

謙：亨，君子有終。

《象傳》曰：謙亨。天道下濟而光明，地道卑而上行。天道虧盈而益謙，地道變盈而流謙，鬼神害盈而福謙，人道惡盈而好謙。謙尊而光，卑而不可踰，君子之終也。

《大象》曰：地中有山，謙，君子以裒多益寡，稱物平施。

靜結合，往復交替，就像兩條腿走路一樣。

還有一點值得注意，在六十四卦的卦序中，謙在前、豫在後。《周易》教導我們，要改造自己的習性。不是不管三七二十一先做再說，而是要注重培養自身能力，不打無準備之戰。謙、豫之後，是隨卦[4]，意為緊抓時機，順勢隨機而動。也就是經過謙豫循環，方能順勢而為。

既然投資者經常在豫卦☳☷和謙卦☶☷的之間往返，那麼，如果結合豫卦☳☷和謙卦☶☷，會得到什麼卦呢？

小過卦☳☶──人生如小鳥練飛

小過卦☳☶[5]的兩個人位都是陽爻，代表現實中的人（見圖6）。

從卦名來看，小，《老子》說：「天下難事必作于易，天下大事必作於細。」過，《說文解字》曰：「過，度也。從，咼聲。」咼是漩渦、迂迴之意，加上辵部，表示迂迴前進、繞行的意思，引申為過分、過頭。綜合起來便是，從小處開始，積小成大，迂迴前進──引申為小過不斷，大過不犯。

小過卦☳☶的外卦為震☳，象徵動，表示外部趨勢已形成。內卦為艮☶，象徵山、止，表示內在不動如山，有利於看清形勢，在行動時更有把握。內部不動外部動、下面不動上面動，就像打鐵、推磨、碾場，都是錘煉、磨煉的象徵。因此，小過卦並不是簡單重複、徘徊不前，而是小心操作，耐心積累，等待量變導致質變，遲早能迎來真正的成就。

從爻位來看，小過卦☳☶的三爻和四爻都是陽爻，像是小鳥的身體，其餘各爻都是陰爻，像是小鳥身體兩側的翅膀。從三才來看，人位皆滿，天位、地位皆虛，表示天地之間空闊無邊，任小鳥自由翱翔、棲息。

從《周易》的角度來說，我們整個人生的循環便是「小過」的狀態，如同小鳥練飛，錘煉不已。小過卦教育我們一定要耐心、耐心再耐心，給自己保留成長空間，絕不可不耐煩地孤注一擲；要冒小險積累經驗，但絕不可犯下無法挽回的錯誤，以免功虧一簣。

一定要謹慎為上，人在面對害怕憂心的事情時，通常會多做準備，判斷的時候會多想一些，這總是沒有壞處。等待小鳥練飛完成，就能開創了不起的事業。

圖6　小過卦的卦象

從六十四卦的卦序來看，小過卦☳之後便是既濟卦☲[6]，表示小過這一關過了，就大功告成。

既濟卦☲的內卦為離☲，代表明，是指要洞察事實，以事實為準繩。外卦為坎☵，代表險，是指富貴險中求。這告訴我們，永遠必須以事實為基礎

---

〔4〕☱澤雷隨

隨：元亨，利貞，無咎。

《彖傳》曰：隨。剛來而下柔，動而說，隨。大亨貞，無咎，而天下隨時。隨時之義大矣哉。

《大象》曰：澤中有雷，隨。君子以向晦入宴息。

〔5〕☳雷山小過

小過：亨。利貞，可小事，不可大事。飛鳥遺之音，不宜上，宜下，大吉。

《彖傳》曰：小過，小者過而亨也。過以利貞，與時行也。柔得中，是以小事吉也。剛失位而不中，是以不可大事也。有飛鳥之象焉，飛鳥遺之音，不宜上宜下，大吉；上逆而下順也。

《大象》曰：山上有雷，小過。君子以行過乎恭，喪過乎哀，用過乎儉。

〔6〕☲既濟卦。

既濟：亨。小利貞。初吉終亂。

《彖傳》曰：既濟，亨，小者亨也。利貞，剛柔正位而位當也。初吉，柔得中也。終止則亂，其道窮也。

《大象》曰：水在火上，既濟。君子以思患而預防之。

來追求成功，而且不能忘記，機會和風險永遠是同一枚硬幣的正反兩面。

噬嗑卦☲和井卦☷——直接講交易的卦

《周易》裡面直接講交易的卦是噬嗑卦☲[7]。其大意是：「日中為市，致天下之民，聚天下之貨，交易而退，各得其所，蓋取諸噬嗑。」（《周易·繫辭下傳》）

噬嗑卦☲的內卦為震☳，象徵大路、積極行動，表示買賣雙方為了達成交易，都需要積極行動起來，主動掌握市場訊息，提供適合市場需求的產品。外卦為離☲，象徵日、明、龜（貨物），表示交易必須是在「日中」，既要光明正大，又要中正公平，由此可見，成交資訊的公開、糾紛處理的公正，就成為交易的基本保障。

噬嗑卦☲也可以看作是由頤卦☲和豫卦☷組合而成。頤卦象徵嘴巴，噬嗑卦的九四就彷彿上下牙齒咬住一根骨頭。噬嗑卦的象辭說：「頤中有物，曰噬嗑，噬嗑而亨。」噬嗑就是闔、吃的意思，但是這口飯得來不易，交易做得好，才能吃得好。

噬嗑卦☲的3個陽爻分別位於初爻、上爻和四爻，上九意為賣方漫天要價，初九意為買方就地還價，九四意為最終雙方各做讓步，使價格達成一致方能成交。買的沒有賣的精，所以成交價格在四爻不在三爻，買方通常要多付出一點，承擔交易成本、運輸成本等。

顯然，交易是經過艱苦努力方能取得的成果，在本質上是買賣雙方鬥智鬥勇、持久較量的過程。由於買賣雙方的資訊不對稱，為了維持交易的長久穩定，公平、公正、公開的三公原則是市場的生命線，這需要權威機構來防範劣質商品、壟斷市場，甚至是詐欺等行為。另一方面，投資者也當嚴守市場法規，方可遠離牢獄之災。

那麼，交易要如何做得好，才能吃好飯呢？可以借助噬嗑卦☲的錯卦井卦☷[8]來理解。井卦☷的每一個爻都和噬嗑卦☲相反，因此兩個卦互為錯卦，彼此就像走路的雙腿相互分工、相輔相成。

噬嗑卦☲說的是交易，井卦☷說的是交易必須具備的專業素養與基本態度。首先，井卦☷的上卦為坎☵，象徵水；下卦為巽☴，象徵深入。意思是

打井的時候，一定要深挖到地下水線之下，才能成功為人們提供水源。引申到交易上，為了做好交易，交易者一定要先深入研究，達到一定水準，也就是要有專業素養，否則無法有效地參與交易。

專業素養的形成絕非一蹴可幾，而是需要一段長期積累的過程，方能達到一定的水準。因此，投資者要對自己的學習過程有耐心，不能取巧，在交易時絕不允許孤注一擲，以免再無機會翻身。

井卦的象辭說：「井養而不窮。」意思是井水養人沒有盡頭。井總是敞開胸懷，歡迎往來不停的人畜，而且井水不論如何取用，總能恢復到原有的水位。井邊越是忙碌，井水越新鮮甘甜；井邊門可羅雀，井水反倒成為一潭死水。專業人員應秉持井的精神，始終保持開放、戒驕戒躁，才能讓市場的新訊息、新技術源源地不斷流進來，讓自己的知識水井始終保持通達。

其次，象辭又說：「改邑不改井」，意思是井邊的住戶可以搬家，井卻不能移動。「男怕入錯行」，改行並不容易，選定專業後就得踏踏實實地持續努力，不輕易改變。因此，交易者必須捫心自問，這一行到底是不是自己的真心選擇？

最後，也是最重要的一點，投資者一定要控制風險、善始善終。有句話說「瓦罐不離井邊破」，意思是當汲水的瓦罐到達井口，可能因為汲水的人手酸了，或覺得快到手了而心情放鬆，結果一不小心摔碎瓦罐，在最後關頭功虧一簣，白忙一場。投資者應戒慎恐懼，以打井水的謹慎態度追求善終。

---

〔7〕☲☳噬嗑卦。

噬嗑，亨。利用獄。

《象傳》曰：頤中有物曰噬嗑。噬嗑而亨，剛柔分，動而明。雷電合而章。柔得中而上行。雖不當位，利用獄也。

《大象》曰：雷電噬嗑。先王以明罰敕法。

〔8〕☵☴井卦。

井，改邑不改井，無喪得得。往來井井。汔至亦未繘井，羸其瓶，凶。

《象傳》曰：巽乎水而上水，井。井養而不窮也。改邑不改井，乃以剛中也。汔至亦未繘井，未有功也。羸其瓶，是以凶也。

《大象》曰：木上有水，井。君子以勞民勸相。

不以規矩，不成方圓

我們需要一桿秤，稱一稱自己的斤兩，看看自己究竟到了什麼程度，還有多大差距，這樣才能心中有數。我們也需要一把尺，量一量自己的處境，看看外部條件是否具備，還需要朝哪個方向努力。

不以規矩，不成方圓。六十四卦是衡量我們行為的尺度，就像桿秤上的秤星，或者尺上的刻度（見圖7）。量一量，稱一稱，才能心中有數。

我們追求的是「中」，不是中間的中，而是打中的中，即恰如其分。如果把陰陽理解為兩端，那麼六十四卦便是這兩端之間的秤星或尺度；所謂的恰如其分，便是稱量或度量出來最適合事實的那一個秤星或刻度。這一點可以是中間點，更多的時候是偏向這一端或那一端的點。之所以要找到這一點，是因為投資交易追求在做法上恰到好處，在時機上及時行動，無過也無不及。

子曰：「天下國家，可均也；爵祿，可辭也；白刃，可蹈也；中庸不可能也。」為什麼孔子認為中庸不容易做到？因為「中」，尤其是一貫的「中」，不是一時的血氣之勇，而是對智慧的最高挑戰。智慧向來是最稀缺、最寶貴的財富。

順便說一句，智慧與方法也是一對陰陽關係，智慧透過方法來展現，方法須灌注智慧才有生命力。市場技術分析是方法，本書力圖為其灌注《周易》的智慧。

「夫以銅為鑒，可以正衣冠；以古為鑒，可以知興替；以人為鑒，可以明得失」。其實，市場就是一面好鏡子，可以照出我們的行為。投資者時常照一照市場之鏡，可以看清自己的真實面目。進入市場之初，理解並不是最要緊，最重要的是養成行為準則，透過規範保護自己，讓自己在市場裡活得足夠久，便有機會真正領悟並進入高明的境界。

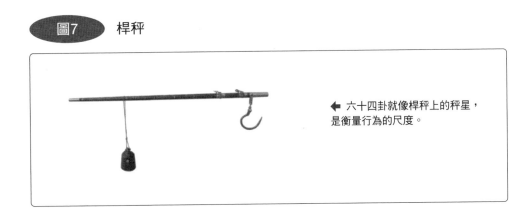

圖7　桿秤

◀ 六十四卦就像桿秤上的秤星，
是衡量行為的尺度。

國家圖書館出版品預行編目 (CIP) 資料

史上最強趨勢投資：下一筆會賺錢的單，用100張線圖抓住57個
漲跌方向／丁聖元著
--初版. –新北市：大樂文化有限公司，2023.01
240面；17×23公分 . --（MONEY；43）

ISBN：978-626-7148-12-9（平裝）
1.股票投資　2.投資技術　3.投資分析
563.53　　　　　　　　　　　　　　　　111011610

Money 043

史上最強趨勢投資
下一筆會賺錢的單，用100張線圖抓住57個漲跌方向

作　　　者／丁聖元
封面設計／蕭壽佳
內頁排版／蔡育涵
責任編輯／林雅庭
主　　　編／皮海屏
發行專員／鄭羽希
財務經理／陳碧蘭
發行經理／高世權、呂和儒
總編輯、總經理／蔡連壽
出 版 者／大樂文化有限公司（優渥誌）
　　　　　　　地址：220 新北市板橋區文化路一段 268 號 18 樓 之 1
　　　　　　　電話：（02）2258-3656
　　　　　　　傳真：（02）2258-3660
　　　　　　　詢問購書相關資訊請洽：（02）2258-3656
　　　　　　　郵政劃撥帳號／50211045　戶名／大樂文化有限公司

香港發行／豐達出版發行有限公司
地址：香港柴灣永泰道 70 號柴灣工業城 2 期 1805 室
電話：852-2172 6513　傳真：852-2172 4355

法律顧問／第一國際法律事務所余淑杏律師
印　　刷／韋懋實業有限公司

出版日期／2023年01月16日
定　　價／330元（缺頁或損毀的書，請寄回更換）
Ｉ Ｓ Ｂ Ｎ　978-626-7148-12-9